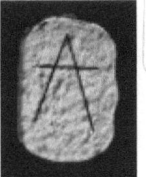

Enrique Antonio Pedraza

ORTOGRAFÍA SIN EXCEPCIONES

Enrique Antonio Pedraza

D. R. 2004
Registrada el 24 de septiembre de 2004
Registro Público del Derecho de Autor
Número de registro 03-2004-091410344600-01.
México

D. R. 2009
Registrada el 7 de mayo de 2009
Registro Público del Derecho de Autor
Número de registro 03-2009-04314164500-01.
México
ISBN 978-0-557-05472-5

Enrique Antonio Pedraza

Para Aura y Darío

En un intento de conservar la lógica de su mente.

Giordano Bruno
Estatua realizada por Mara
"Arte Galería"
17 Poniente 108-4
Puebla, Pue.

Prólogo

La ortografía durante la primaria y dos años de secundaria, para mí, siempre fue una ciencia oculta con muchas reglas y demasiadas excepciones, las cuales resultaban imposibles retener en la memoria. En tercero de secundaria, mi maestro de español, Pantaleón Riveroll, me explicó el origen de las reglas ortográficas, su evolución y como muchas excepciones, constituían la aplicación de otras reglas. Por arte de magia, tuve la clave para entender la ortografía.

En preparatoria intente escribir un libro para jerarquizar las reglas de ortografía, con el fin de poder enseñarlas de una manera lógica, bajo el axioma de: "una cosa no puede ser y dejar de ser al mismo tiempo", una regla de ortografía no puede ser regla y poseer excepciones. En la mente de un niño que tiene una lógica pura, la excepción, no sirve para confirmar la regla, como dicen tantos sofistas; por tales motivos, consideré necesario que cuando se explicaran las reglas se estableciera cuál es la principal, cuáles son las generales y cuáles las especiales. El proyecto quedó en el limbo de lo inacabado, pero la idea siguió ahí.

La Real Academia Española publicó en 1999, una "Ortografía de la Lengua Española", donde de manera muy esquemática establece las reglas de ortografía. Cuando leí este libro, pensé que bastaría que en

9

las primarias se explicaran estas reglas para lograr que los alumnos tuvieran una buena ortografía. Sin embargo, cuando tome un diplomado que autorizó la Universidad Nacional Autónoma de México, a través de su Facultad de Contaduría y Administración, donde de una manera antipedagógica se intenta enseñar reglas ortográficas de dudosa procedencia y plagadas de excepciones, comprendí que el problema de enseñar ortografía de una manera ilógica seguía patente en las escuelas.

Por estos motivos, pensé escribir un cuento de la ortografía donde a través de dos reinos, expusiera de una manera simple las reglas de la ortografía. Tuve que desistir de este intentó porque para poder aprender ortografía es necesario conocer el significado de las palabras, es decir, saber semántica y ver la aplicación práctica de las reglas para que de esta manera se graben en la memoria del educando.

Al contemplar a mis hijos que apenas inician el camino de las letras, y leer los recados que envían las educadoras que, por regla general, contienen faltas de ortografía; mi preocupación crecía, ya que al ser educados con faltas de ortografía, la consecuencia es que mis hijos, cuando escribieran tuvieran faltas de ortografía.

Para despertar a mis hijos ocupo los "*Cuentos y canciones de Cri-crí*", cantautor que poseyó un léxico florido. Con el problema de la ortografía rondándome en el cerebro, recordé alguna gramática que se basa en: "*El Ingenioso Hidalgo Don Quijote de la*

Mancha" de Miguel de Cervantes Saavedra y pude gritar ¡Eureka!, enseñar las reglas de ortografía a través de la música de Cri-crí.

Con esta idea comence a escribir el presente libro, pero a media que avanzaba los cuentos y canciones de Cri-crí resultaron insuficientes para enseñar todas las reglas ortográficas, por eso opté por explicar las reglas únicamente.

No soy pedagogo, ni maestro, ni lingüista, sólo imparto algunas clases en el ámbito profesional, pero el problema de la ortografía me preocupa por mis hijos; en consecuencia, únicamente soy un padre preocupado por el aprendizaje de sus hijos que intenta enseñarles de una manera lógica, las reglas de ortografía. Partiendo de la base de que los niños no son tontos y pueden comprender cualquier cosa, siempre que se les explique correctamente.

Enrique Antonio Pedraza

Enrique Antonio Pedraza

PRIMERA PARTE

LOS FONEMAS Y LAS LETRAS

Letras son los signos gráficos que representan los fonemas.

Fonemas son los sonidos mínimos o unidades fonológicas mínimas de una lengua.

Los fonemas y las letras son dos caras de la misma moneda. Los fonemas son los sonidos que escuchas y pronuncias; en cambio las letras son los signos que lees y escribes. Cuando pronuncias tu nombre estás diciendo fonemas, cuando lo escribes están utilizando letras. Tanto los fonemas como las letras que integran tu nombre tienen un mismo significado, pero representan dos cosas diferentes, los fonemas el sonido y las letras la escritura.

Cuando escuchas una canción estás oyendo fonemas, cuando la lees, estás viendo letras. Si lees en voz alta estás pronunciando los fonemas que son representadas por las letras. No hablamos letras, sino fonemas; no escribimos fonemas, sino letras.

Los sonidos que componen las palabras que escuchas son los fonemas y las palabras que lees están compuestas por letras.

Los fonemas los pronuncias utilizando diversos órganos que tienes en la boca y en la garganta llamados órganos artículadores, los *activos* son: **labios, lengua, dientes inferiores, velo del paladar;** y los *pasivos* **dientes superiores, alvéolos superiores, paladar.**

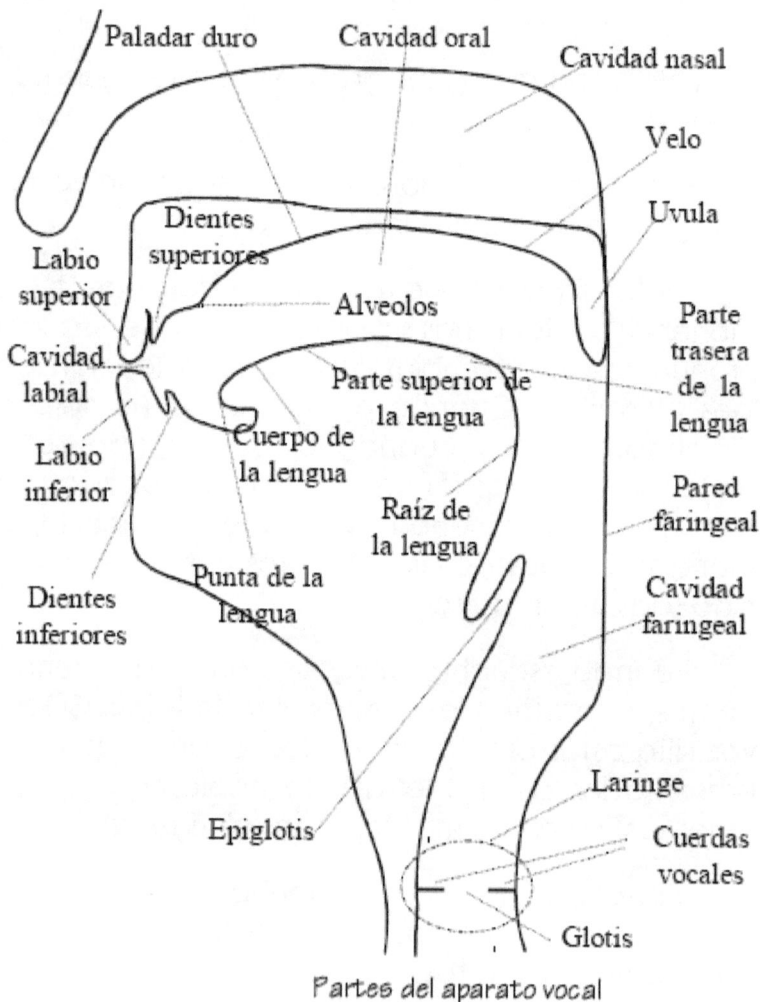

Paladar duro   Cavidad oral

Cavidad nasal

Velo

Uvula

Dientes superiores

Labio superior

Alveolos

Cavidad labial

Parte superior de la lengua

Parte trasera de la lengua

Labio inferior

Cuerpo de la lengua

Raíz de la lengua

Pared faríngeal

Dientes inferiores

Punta de la lengua

Cavidad faríngeal

Laringe

Epiglotis

Cuerdas vocales

Glotis

Partes del aparato vocal

El lugar donde articular los sonidos es donde toman contacto los órganos que intervienen en la producción del sonido, a saber: **bilabial, labiodental, interdental, dental alveolar, palatal** y **velar**.

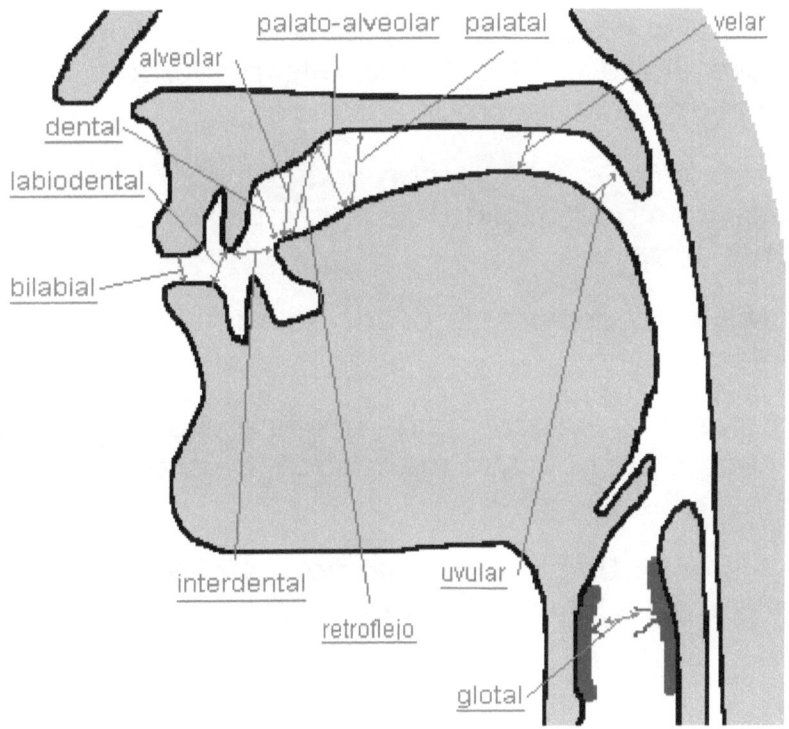

El modo de articulación de los sonidos es la postura que adoptan los órganos que producen los sonidos:

Oclusivo: Los órganos forman en algún punto del canal vocal un contacto que interrumpe la salida del aire espirado.

Fricativo o **espirante**: Permite una salida continua del aire emitido, y hace que éste produzca cierta fricción o roce en los órganos bucales.

Africado: Se articula con una oclusión y una fricación formadas rápida y sucesivamente entre los mismos órganos.

Nasal: La corriente espirada sale total o parcialmente por la nariz.

Lateral: La lengua impide al aire espirado su salida normal por el centro de la boca, dejándole paso por los lados.

Vibrante: Un rápido contacto oclusivo, simple o múltiple, entre los órganos de la articulación.

La vibración de las cuerdas vocales: *Sordas* y *sonoras*.

En español hay más letras que fonemas, lo anterior implica que pronuncies menos sonidos y escribas más letras para representar fonemas, es decir, nuestro idioma tiene más signos gráficos que sonidos.

Los fonemas del español son los siguientes

1. /a/: Fonema: *vocálico abierto* (apertura máxima) *central* (grafía o letra **a**).

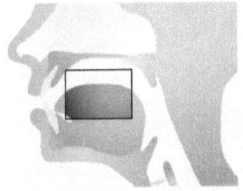

[a] El dorso de la lengua se eleva ligeramente hacia la parte media de la boca; esta es la zona entre el paladar duro y el velo del paladar.

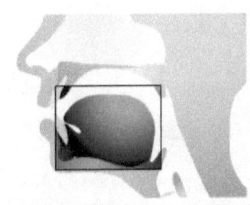

[a] La lengua extendida en el hueco de la mandíbula inferior toca con sus bordes los molares inferiores.

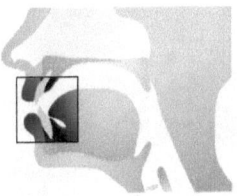

[a] La punta de la lengua roza la cara interior de los incisivos inferiores.

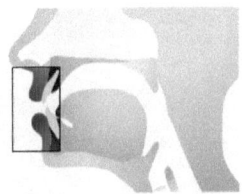

[a] Los labios forman una abertura mayor que la de todas las demás vocales.

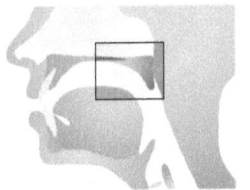

[a] El velo del paladar permanece elevado.

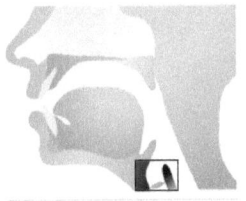

[a] Las cuerdas vocales vibran.

17

2. **/b/**: Fonema: *bilabial oclusivo sonoro* (grafías o letras: **b, v, w**)..

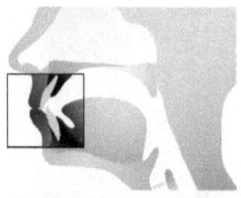

[b] El labio inferior hace contacto con el labio superior creando una oclusión completa que interrumpe la salida del aire.

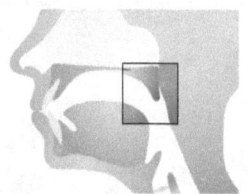

[b] El velo del paladar permanece elevado.

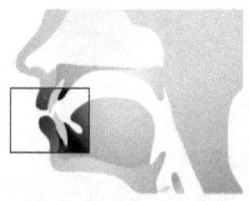

[b] El aire aprisionado tras la oclusión escapa por la boca al abrirse los labios.

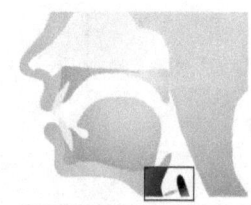

[b] Las cuerdas vocales vibran.

3. **/Ө/** Fonema: *Interdental fricativo sordo* (grafías o letras **z, c**).

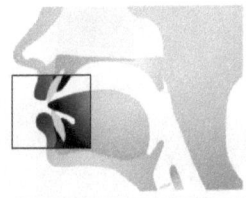

[θ] La punta de la lengua se adelgaza para ponerse entre los bordes de los incisivos sin bloquear completamente la salida del aire.

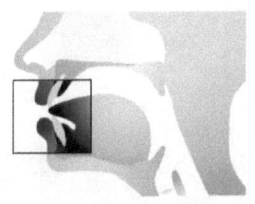

[θ] Los lados de la lengua tocan la cara interior de los molares superiores impidiendo también la salida lateral del aire.

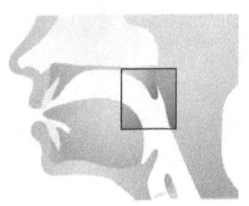

[θ] El velo del paladar permanece elevado.

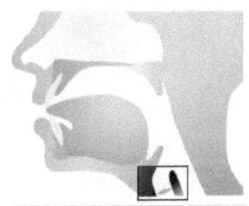

[θ] Las cuerdas vocales no vibran.

4. **/č/**: Fonema: *palatal africado sordo* (grafías o letras o dígrafo **ch**).

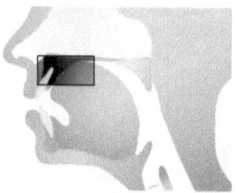

[t͡ʃ] Tomando forma convexa, la lengua se eleva para hacer contacto con una amplia zona del paladar duro. A cada lado de la boca este contacto se extiende desde los molares superiores hacia arriba.

[t͡ʃ] El predorso de la lengua se adhiere al prepaladar y a los alvéolos, tras los cuales el aire es retenido momentáneamente.

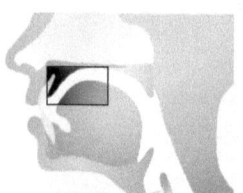

[t͡ʃ] Luego de la oclusión alveopalatal, el predorso se separa gradualmente creando una estrechez por donde el aire escapa produciendo fricación.

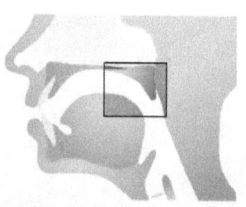

[t͡ʃ] El velo del paladar permanece elevado.

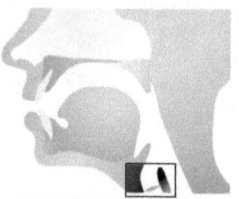

[t͡ʃ] Las cuerdas vocales no vibran.

5. /d/: Fonema: dental *oclusivo sonoro* (grafía o letra **d**).

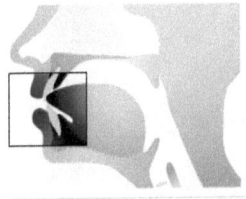

[d̪] La punta de la lengua toca la cara interior de los incisivos superiores creando una oclusión completa que interrumpe la salida del aire.

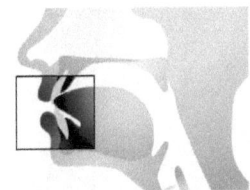

[d̪] Los lados de la lengua se apoyan contra los molares superiores impidiendo también la salida lateral del aire.

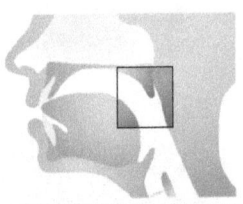

[d̪] El velo del paladar permanece elevado.

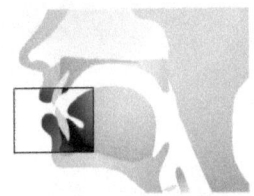

[d̪] El aire aprisionado tras la oclusión escapa por la boca.

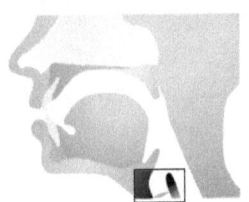

[d̪] Las cuerdas vocales vibran.

21

6. **/e/**: Fonema: *vocálico medio palatal* (grafía o letra **e**).

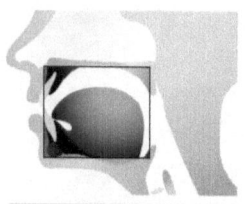

[e] El dorso de la lengua se eleva para tocar los dos lados del paladar duro aproximadamente hasta la mitad de los segundos molares quedando en el centro una abertura entre el paladar y la lengua mayor que la de la vocal [i].

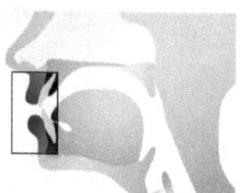

[e] Los labios también se abren más que para la vocal [i].

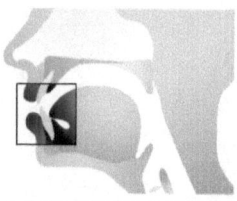

[e] La punta de la lengua se apoya sobre los incisivos inferiores.

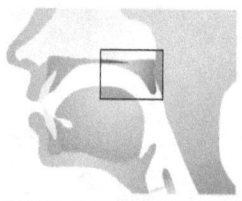

[e] El velo del paladar permanece elevado.

[e] Las cuerdas vocales vibran.

7. **/f/**: Fonema: *labiodental fricativo sordo* (en muchas zonas se realiza fricativo bilabial) (grafía o letra **f**).

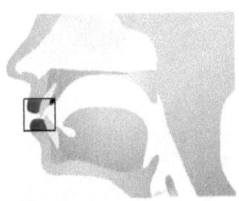

[f] El borde interior del labio inferior toca el filo de los incisivos superiores.

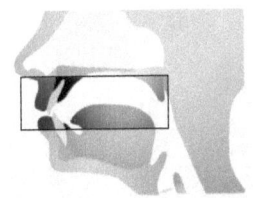

[f] A pesar del contacto se permite que el aire escape de manera forzada por entre estos dos órganos.

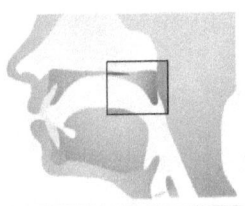

[f] El velo del paladar permanece elevado.

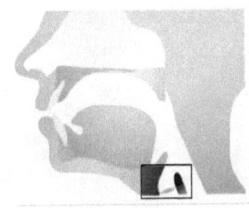

[f] Las cuerdas vocales no vibran.

8. **/g/**: Fonema: *velar oclusivo sonoro* (grafías o letras o dígrafos **g, gu, gü**).

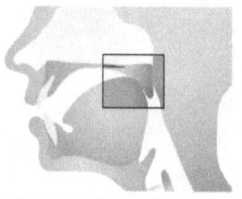

[g] El postdorso de la lengua se eleva hasta tocar el velo del paladar creando una oclusión completa que interrumpe la salida del aire.

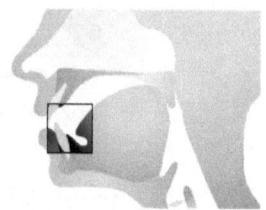

[g] La punta de la lengua desciende hasta las encías de los incisivos inferiores.

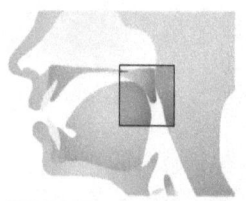

[g] El velo del paladar permanece elevado.

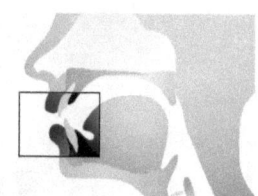

[g] El aire aprisionado tras la oclusión escapa por la boca.

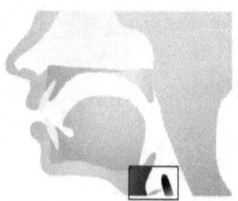

[g] Las cuerdas vocales vibran.

9. **/i/**: Fonema: *vocálico palatal cerrado* apertura mínima (grafías o letras **i, y**).

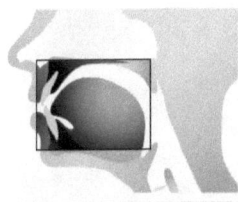

[i] El dorso de la lengua se eleva para hacer amplio contacto con los dos lados del paladar duro.

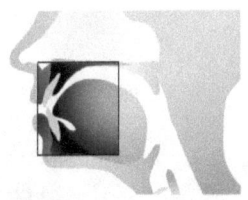

[i] Este contacto se extiende hasta los dientes caninos pero queda en el centro una abertura relativamente estrecha por donde fluye libremente el aire.

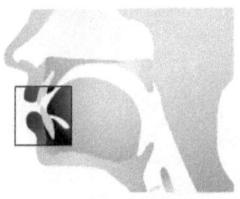

[i] La punta de la lengua se apoya contra los incisivos inferiores.

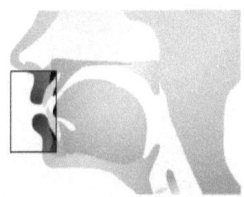

[i] Los labios permanecen abiertos y alargados con las comisuras un poco retraídas.

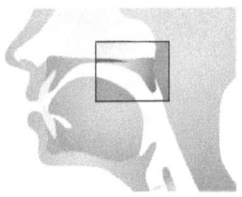

[i] El velo del paladar permanece elevado.

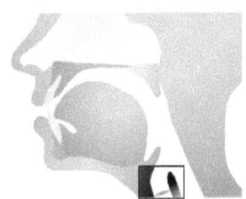

[i] Las cuerdas vocales vibran.

10. **/x/**: Fonema: *velar fricativo sordo* (grafías o letras **g**, **j**).

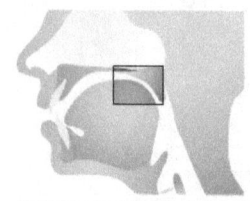

[x] El postdorso de la lengua se eleva para crear fricción con el velo del paladar sin que se interrumpa completamente la salida del aire.

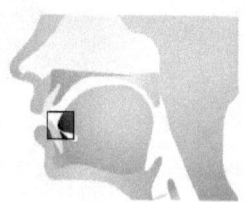

[x] La punta de la lengua desciende y toca los alvéolos de los incisivos inferiores.

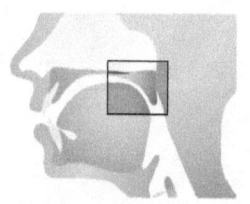

[x] El velo del paladar permanece elevado.

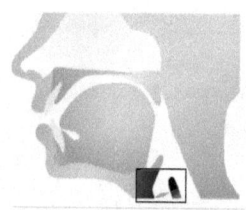

[x] Las cuerdas vocales no vibran.

11. /k/: Fonema: *velar oclusivo sordo* (grafías o letras o dígrafos **c, k, qu**).

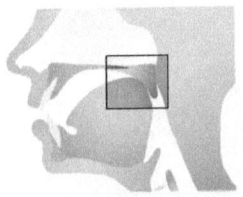

[k] El postdorso de la lengua se eleva hasta tocar el velo del paladar creando una oclusión completa que interrumpe la salida del aire.

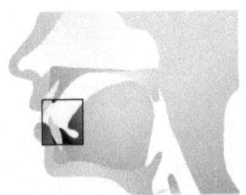

[k] La punta de la lengua desciende hasta las encías de los incisivos inferiores.

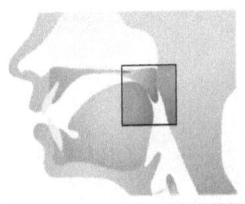

[k] El velo del paladar permanece elevado.

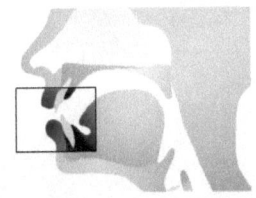

[k] El aire aprisionado tras la oclusión escapa por la boca.

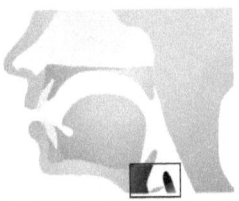

[k] Las cuerdas vocales no vibran.

12. /l/: Fonema: *alveolar lateral sonoro* (grafía o letra l).

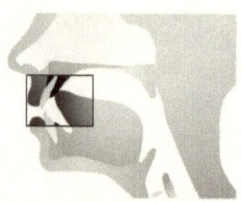

[1] La punta de la lengua hace contacto con los alvéolos de los incisivos superiores dejando una abertura alargada a cada lado de la boca o a un solo lado dependiendo del hablante.

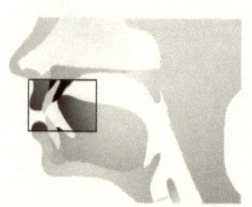

[1] El aire sale continuamente por esta abertura.

[1] El dorso de la lengua permanece casi plano o apenas ligeramente cóncavo.

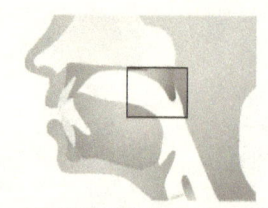

[1] El velo del paladar permanece elevado.

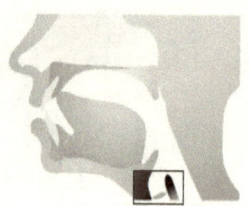

[1] Las cuerdas vocales vibran.

13. **/m/**: Fonema: *bilabial nasal sonoro* (grafía o letra **m**).

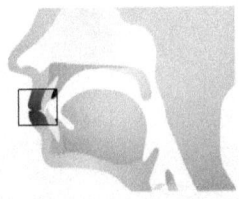

[m] El labio inferior hace contacto con el labio superior creando una oclusión completa que impide la salida del aire por la boca.

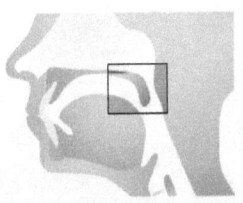

[m] El velo del paladar desciende permitiendo el paso del aire aprisionado tras la constricción oral a través de la cavidad nasal.

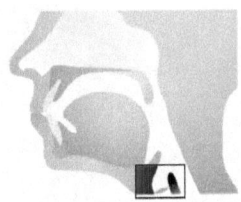

[m] Las cuerdas vocales vibran.

14. /n/: Fonema: *alveolar nasal sonoro* (grafía o letra **n**).

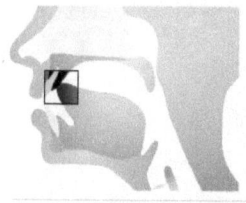

[n] La punta de la lengua hace contacto con los alvéolos de los incisivos superiores al tiempo que los bordes de la lengua tocan las encías y la cara interior de los molares superiores impidiendo la salida del aire por la boca.

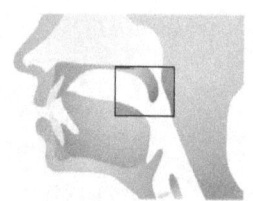

[n] El velo del paladar desciende permitiendo el paso del aire aprisionado tras la constricción oral a través de la cavidad nasal.

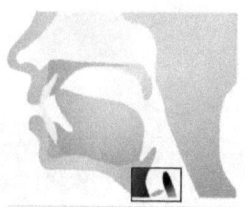

[n] Las cuerdas vocales vibran.

15./ñ/: Fonema: *palatal nasal sonoro* (grafía o letra ñ).

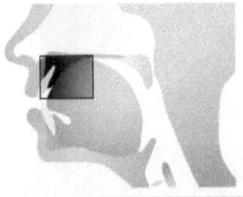

[ɲ] El dorso de la lengua se eleva para adherirse ampliamente al paladar duro impidiendo la salida del aire por la boca. Este contacto se extiende desde los alvéolos hasta el postpaladar.

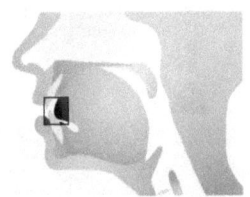

[ɲ] La punta de la lengua se apoya contra los incisivos inferiores.

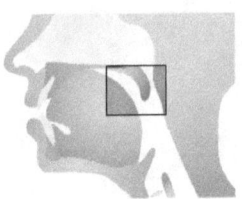

[ɲ] El velo del paladar desciende permitiendo el paso del aire aprisionado tras la constricción oral a través de la cavidad nasal.

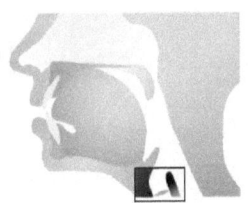

[ɲ] Las cuerdas vocales vibran.

16. /o/: Fonema: *vocálico medio posterior* apertura media (grafía o letra **o**).

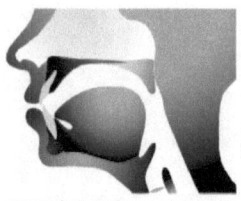

La lengua se recoge hacia el fondo de la boca.

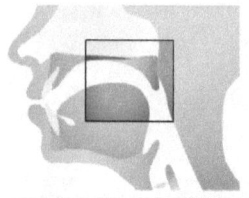

[o] El postdorso de la lengua se eleva hacia el velo del paladar dejando una abertura mayor que la de la vocal [u].

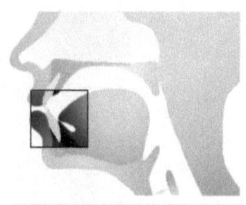

[o] La punta de la lengua desciende hasta tocar los alvéolos inferiores.

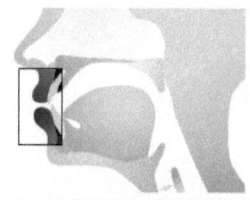

[o] Los labios avanzan y se abocinan para formar una abertura ovalada también mayor que la de la vocal [u].

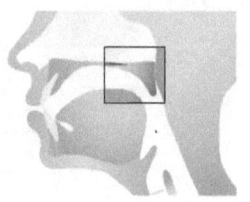

[o] El velo del paladar permanece elevado.

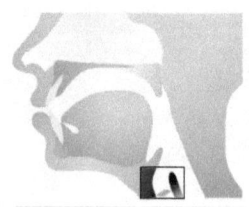

[o] Las cuerdas vocales vibran.

17. /p/: Fonema: *bilabial oclusivo sordo*. (grafía o letra **p**).

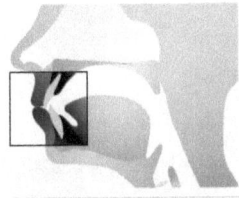

[p] El labio inferior hace contacto con el labio superior creando una oclusión completa que interrumpe la salida del aire.

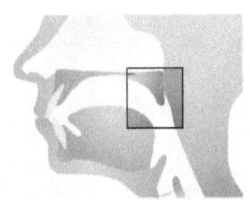

[p] El velo del paladar permanece elevado.

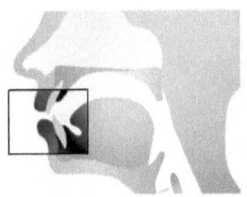

[p] El aire aprisionado tras la oclusión escapa por la boca al abrirse los labios.

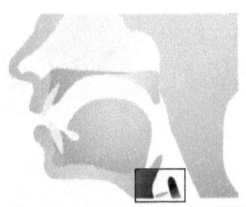

[p] Las cuerdas vocales no vibran.

18. **/r/**: Fonema: *alveolar vibrante simple sonoro* (grafía o letra **r**).

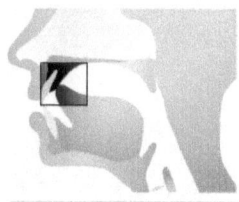

[ɾ] La punta de la lengua se adelgaza para elevarse rápidamente y tocar con sus bordes los alvéolos de los incisivos superiores en un movimiento que es a la vez ascendente y hacia dentro.

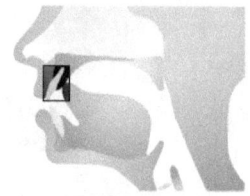

[ɾ] Los bordes laterales de la lengua hacen contacto con la cara interior de los molares superiores impidiendo la salida del aire por los lados de la boca.

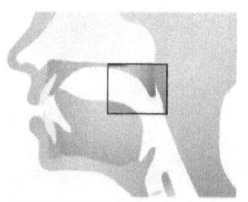

[ɾ] El velo del paladar permanece elevado.

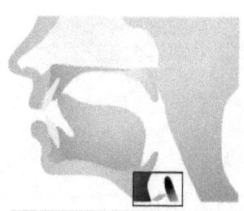

[ɾ] Las cuerdas vocales vibran.

19. /r/: Fonema: *alveloar vibrante múltiple sonoro* (grafías o letras o dígrafo **rr, r**).

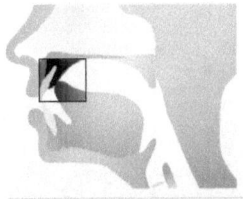

[r] La punta de la lengua se dobla hacia arriba para tocar con sus bordes la parte más alta de los alvéolos.

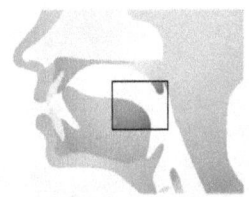

[r] El tronco de la lengua se recoge hacia el fondo de la boca.

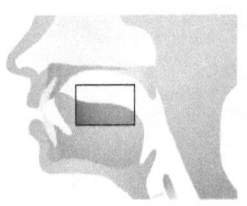

[r] El predorso de la lengua toma forma cóncava.

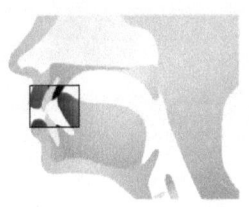

[r] Los bordes laterales de la lengua hacen contacto con la cara interior de los molares superiores impidiendo la salida lateral del aire.

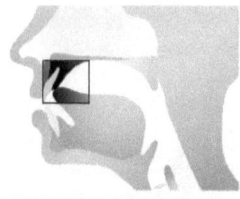

[r] En el momento en que los bordes de la lengua tocan los alvéolos, ésta es empujada hacia fuera por la corriente de aire.

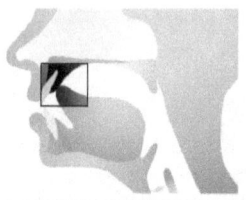

[r] Rápidamente vuelve a hacer contacto con los alvéolos pero es nuevamente empujada hacia fuera repitiéndose este movimiento varias veces.

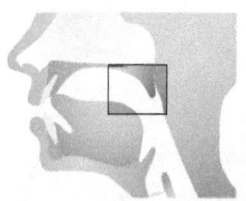

[r] El velo del paladar permanece elevado.

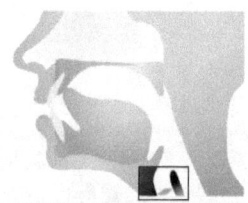

[r] Las cuerdas vocales vibran.

20. /s/: Fonema: *alveolar fricativo sordo* (grafía **s**) en algunas regiones **z** y **c**.

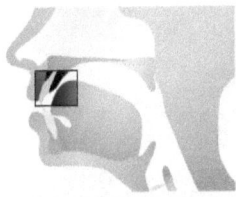

[s] Los bordes de la lengua se apoyan a ambos lados de la boca contra las encías y la cara interior de los molares superiores.

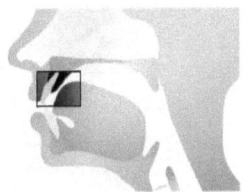

[s] El predorso de la lengua continúa este contacto contra los alvéolos de los incisivos superiores dejando una abertura por donde escapa el aire.

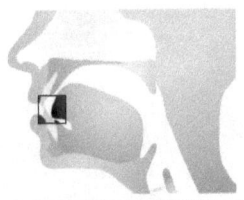

[s] El ápice de la lengua desciende y se apoya contra los incisivos inferiores.

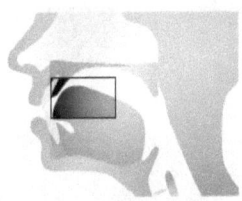

[s] El predorso de la lengua se vuelve ligeramente convexo.

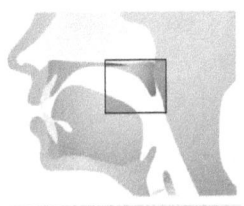

[s] El velo del paladar permanece elevado.

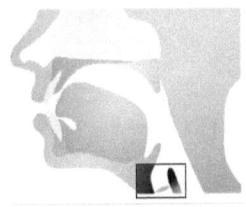

[s] Las cuerdas vocales no vibran.

21. /t/: Fonema *dental oclusivo sordo* (grafía o letra t)

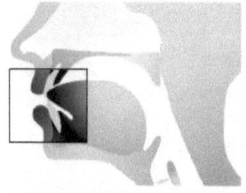

[t̪] La punta de la lengua toca la cara interior de los incisivos superiores creando una oclusión completa que interrumpe la salida del aire.

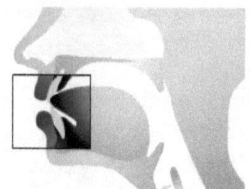

[t̪] Los lados de la lengua se apoyan contra los molares superiores impidiendo también la salida lateral del aire.

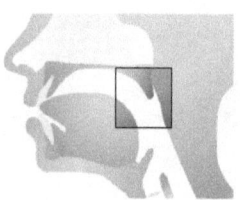

[t̪] El velo del paladar permanece elevado.

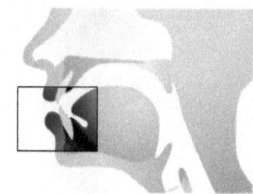

[t̪] El aire aprisionado tras la oclusión escapa por la boca.

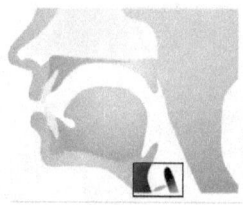

[t̪] Las cuerdas vocales no vibran.

22. /u/: Fonema: *vocálico cerrado posterior* (letras o grafías **u, w**)

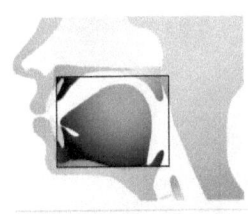

[u] La lengua se recoge hacia el fondo de la boca.

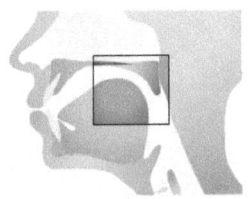

[u] El postdorso de la lengua se eleva hacia el velo del paladar dejando una abertura por donde fluye libremente el aire.

[u] La punta de la lengua permanece al nivel de los alvéolos inferiores separada ligeramente de ellos y suspendida en el hueco de la mandíbula inferior.

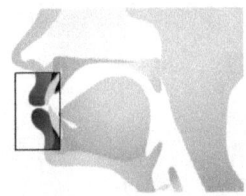

[u] Los labios avanzan y se abocinan para formar una abertura ovalada relativamente pequeña.

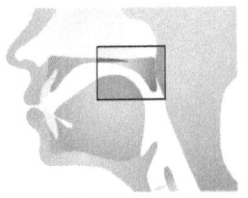

[u] El velo del paladar permanece elevado.

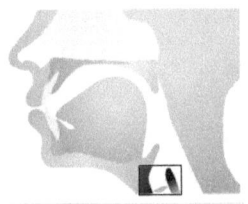

[u] Las cuerdas vocales vibran.

23. **/y/**: Fonema: *palatal lateral sonoro*. (grafías o letras o dígrafo **y, ll**).

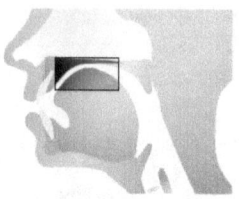

[ʝ] Tomando forma convexa, el dorso de la lengua se eleva para tocar el paladar a ambos lados de la boca dejando en el centro una abertura alargada que permite el flujo continuo de aire sin que se produzca turbulencia.

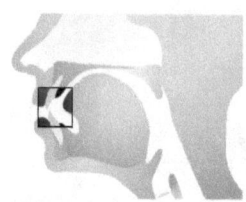

[ʝ] La punta de la lengua se apoya contra los incisivos inferiores.

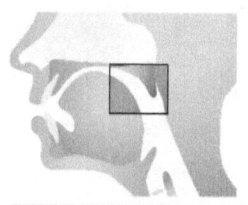

[ʝ] El velo del paladar permanece elevado.

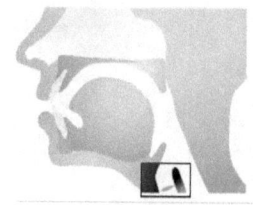

[ʝ] Las cuerdas vocales vibran.

CUADRO DE LOS FONEMAS CONSONANTES

Bilabial		Labiodental		Interdental		Dental		Alveolar		Palatal		Velar		
Sordo	Sonoro	Sordo	Sonoro	Sordo	Sonoro	Sordo	Sonoro	Sordo	Sonoro	Sordo	Sonoro	Sordo	Sonoro	
p	b					t	d					k	g	Oclusivos
										ch				Africados
		f		z				s				j		Fricativos
									l		ll			Laterales
									r, rr					Vibrantes
	m								n		ñ			Nasales

El alfabeto o abecedario latino, que es el conjunto ordenado de letras que componen nuestro idioma, está integrado de 27 letras y dos dígrafos, lo que da un total de 29.

Sin embargo, los fonemas que integran el español son 22. En algunas zonas existe otro fonema que es el de la *interdental fricativo sordo*, reperesentado por las letras **z** y **c**, que es un fonema muy parecido al *alveolar fricativo sordo*, representado por la letra **s**, lo que daría 23 fonemas; sin embargo, para representarlos existen 27 letras más dos dígrafos que están en el alfabeto (**ch, ll**) y otros cuatro que no están que son **gu, gü, rr, qu**, lo que da un total de 33.

El problema de escribir correctamente, es decir, el problema de la ortografía consiste en saber cuando los fonemas que se escuchan iguales son representados por diferentes letras.

Las letras o grafías o dígrafos que sólo represen-tan un fonema son las siguientes: **a, ch, d, e, f, l, m, n, ñ, o, p, t.**

Estas letras siempre se escribirán cuando escu-ches el fonema que representan.

Las letras o grafías o dígrafos que no coinciden con un solo fonema son: **b, c, g, gu, gü, h, i, j, k, ll, qu, rr, r, s, u, v, w, x, y, z,** por eso es necesario las reglas de ortografía, ya que ellas nos orientan para saber que letra escribir cuando el fonema está representa-do por varías grafías o letras o dígrafos. Además hay una letra que representa dos fonemas que es la x y otra que no representa ningún sonido o fonema que es la **h.**

El fonema *vocálico palatal cerrado*, que repre-sentamos con las letras **i, y** al final de las palabras:

El fonema *vocálico cerrado posterior* que repre-sentamos con las letras **u, w** en las palabras de origen inglés.

El fonema *bilabial oclusivo sonoro* que represen-tamos con tres letras: **b, v, w** en las palabras de ori-gen visigodo o alemán.

El fonema *velar oclusivo sordo* que representa-mos con dos letras y un dígrafo: **k, c** (delante de a, o, u), **qu** (delante de las vocales e, i).

El fonema interdental fricativo sordo que representamos con dos letras: **z** (antes de las vocales a, e, o) **c** (antes de las vocales e, i).

Este fonema es distinto del correspondiente a la s; en casi toda Andalucía, así como en Canarias, Hispanoamérica, etc., se articula como una s, que es alveolar fricativo sordo.

El fonema alveolar fricativo sordo representamos con la letra s, c, z, porque en México no reconocemos diferencia entre estos fonemas, sino que los pronunciamos de la misma manera.

Esta circunstancia nos ocaciona que las letras **c**, **s** y **z** representen un solo fonema:

El fonema *velar fricativo sonoro* que representamos con una letra y dos dígrafos: **g** antes de a, o, u y antes de consonante; **gu** antes de e, i; **gü** para que se pronuncie el fonema representado por u cuando está precedido de e, i.

El fonema velar fricativo sordo que representamos con tres letras: **j**, **g**, antes de los fonemas representados por las letras e, i y **x** en contadas palabras de México.

Nota:

Antiguamente representó también un sonido consonántico simple, fricativo, palatal y sordo, semejante al de la sh inglesa o al de la ch francesa, que hoy conserva en algunos dialectos, como el bable. Este sonido simple se transformó después en fricativo, velar y sordo, como el de la j actual, con la cual se transcribe hoy, salvo en palabras de uso mexicano de México, Oaxaca.

El fonema *palatal lateral sonoro* que representamos con: **ll, y.**

El fonema *alveolar vibrante múltiple sonoro* que representamos con **r** al inicio o final de la palabra o antecedida de una consonante que no pertenece a la misma sílaba o al final de silaba, y **rr.**

La unión de los fonemas velar oclusivo sordo y alveolar fricativo sordo pueden representarse por una sola letra que es la: **x.**

Por ejemplo: axioma, exento.

Ante consonante suele reducirse a alveolar fricativo sordo (representado por la letra s).

Por ejemplo: en extremo, exposición.

La letra **h** no representa ningún fonema.

Nota:

En algunas zonas de España y América, así como en determinadas voces de origen extranjero suele aspirarse en la dicción, es decir, se atrae el aire exterior a los pulmones.

DIVISIÓN SILÁBICA

Sílaba es un fonema o fonemas que pronuncias en una emisión de voz. El número de fonemas es de uno a seis.

Para dividir una palabra en sílabas debes tomar en consideración lo siguiente:

1. La división de una palabra en sílabas obedece a un criterio fonético, es decir, la manera en que hablas y escuchas las palabras, ya que por definición sílaba es un fonema o fonemas que pronuncias en una sola emisión de voz.

2. Los fonemas se dividen en vocales y consonantes. Vocal significa perteneciente a la voz y consonante es cualquier voz con respecto a otra de la misma consonancia, es decir, sonidos que, oídos simultáneamente, producen un efecto agradable.

3. La división de la unión de consonantes en sílabas obedece a reglas fonéticas y la división de la unión de vocales en sílabas obedece a reglas de escritura.

Las reglas para dividir en sílabas la unión de consonantes son:

1. Una sola consonante situada entre vocales, se agrupa silábicamente con la vocal siguiente.

2. Las consonantes *p, b, f, t, d, k, g,* seguidas de las consonantes *r, l,* es decir, *pr, pl, br, bl, fr, fl, tr, tl, dr, dl, kr, kl, gr, gl,* se sitúan con la vocal siguiente.

3. Dos consonantes juntas, diferentes de las indicadas en la regla anterior, la primera se sitúa con la vocal anterior y la segunda con la vocal posterior, es decir, cada una con la vocal más cercana a ella.

4. Tres consonantes juntas, diferentes de las indicadas en la regla 2, (las consonantes *p, b, f, t, d, k, g,* seguidas de las consonantes *r, l,* es decir, *pr, pl, br, bl, fr, fl, tr, tl, dr, dl, kr, kl, gr, gl*) las dos primeras se sitúan con la vocal anterior y la tercera con la vocal posterior.

5. Cuatro consonantes juntas se sitúan las dos primeras con la vocal anterior y las dos últimas con la vocal posterior.

6. Los dígrafos nunca se dividen porque son un solo sonido. Los dígrafos son: *ch, ll, rr, qu, gu, gü.*

7. Las palabras compuestas o de uso literario o técnico se dividen conforme a sus componentes, con independencia de las consonantes que estén juntas.

Las reglas para dividir en sílabas la unión de vocales son:

Cuando dos vocales se unen forma un diptongo o un hiato (adiptongo).

Diptongo es la unión de dos vocales *débiles* o cerradas; de un vocal **fuerte** o **abierta** con *débil* o ce-

rrada; y de una vocal *débil* o *cerrada* con otra vocal **fuerte** o **abierta**.

Hiato o adiptongo es la unión de dos vocales **fuertes**.

Las vocales **fuertes** o **abiertas** son **a**, **e**, **o**, y las vocales *débiles* o *cerradas* son *i, u*.

Para conocer las posibles combinaciones observa el siguiente cuadro.

	a	e	I	o	U
a	aa	ae	ai	ao	au
e	ea	ee	ei	eo	eu
i	ia	ie	ii	io	iu
o	oa	oe	oi	oo	ou
U	ua	ue	ui	uo	uu

Los diptongos que se forman por la unión de dos vocales *débiles* o *cerradas* son: *ii, iu, ui, uu*.

Los diptongos que se forman por la unión de una vocal *débil* o *cerrada* y una **fuerte** o **abierta** son: *ia, ie, io, ua, ue, uo*.

Los diptongos que se forman por la unión de una vocal **fuerte** o **abierta** y una vocal *débil* o *cerrada* son: a*i*, a*u*, e*i*, e*u*, o*i*, o*u*.

El requisito para que dos vocales juntas formen diptongo es que haya una *débil* o *cerrada*.

1. Dos vocales juntas que forman diptongo (*ii, iu, ui, uu, ia, ie, io, ua, ue, uo, ai, au, ei, eu, oi, ou*) para efectos gráficos o escritos forman una solo sílaba, es decir, no se separan.

2. Dos vocales juntas que forman hiato o adiptongo (**aa, ae, ao, ea, ee, eo, oa, oe, oo**) para efectos gráficos o escritos se separan en dos sílabas diferentes.

El hiato o adiptongo se forma con la unión de dos vocales **fuertes** o **abiertas** y son: **aa, ae, ao, ea, ee, eo, oa, oe, oo**.

3. Tres vocales juntas que forman triptongo, para efectos gráficos o escritos se separan en sílabas a fin de que, en una quede el diptongo y en otra el hiato o adiptongo, es decir, con el fin de que el hiato quede en diferente sílaba.

El fonema **i** puede representarse con la vocal *i* o con la consonante *y*.

SEGUNDA PARTE

EL SIGNIFICADO DE LAS PALABRAS

La regla principal de ortografía consiste en que los compuestos y derivados de una palabra conservan su escritura original.

Palabra es el conjunto de fonemas o letras que expresan una idea.

La palabra hablada está integrada por fonemas y la palabra escrita por letras.

Idea es la representación mental de un objeto.

Las palabras se clasifican, por su significado, es decir, por los objetos o ideas que representan, en 1) **adjetivos**, 2) **adverbios**, 3) **artículos**, 4) **conjunciones**, 5) **interjecciones**, 6) **preposiciones**, 7) **pronombres**, 8) **sustantivos** y 9) **verbos**.

Los 1) **sustantivos**, 2) **adjetivos**, y 3), **verbos**, son variables o flexibles, es decir, tienen una palabra original y derivadas.

Los 1) **adverbios**, 2) **preposiciones**, 3) **conjunciones**, 4) **artículos**, 5) **interjecciones** y 6) **pronombres** son invariables o inflexibles, es decir, únicamente tienen una palabra original y no tienen derivados.

Sustantivos son las palabras que designan a las personas, animales, plantas y cosas, es decir, a los seres que tienen una existencia real, independiente e individual. Estos sustantivos son concretos. Los que designan fenómenos o cualidades separadas mentalmente de los objetos son abstractos.

Los **adjetivos** son palabras que dicen cualidades o accidentes de los sustantivos, es decir, dicen atributos de los sustantivos. Por lo que pueden variar igual que los sustantivos, es decir, en genero (masculino y femenino), en número (singular y plural), en relación con el tamaño o forma (aumentativos o diminutivos) o despectivos cuando menosprecian o ridiculizan.

Los **verbos** expresan atribuciones del sujeto, por lo que varían en número (singular y plural), persona (primera persona [yo, nosotros], segunda persona [tú, vos, usted, vosotros, ustedes], tercera persona [él, ella, ellas, ellos]) tiempo (presente, futuro simple o futuro, pretérito imperfecto o copretérito, condicional simple o pospretérito, pretérito perfecto simple o pretérito) y modo (formas no personales, indicativo, subjuntivo e imperativo).

Los verbos son las palabras que designan las acciones o pasiones. Por acción entendemos la capacidad de hacer algo y por pasión la de recibir algo.

Como las acciones y pasiones son conceptos abstractos, es decir, son ideas que separamos por medio del intelecto, la mente o el pensamiento para designar cualidades de las personas, animales o cosas; por ser abstracciones, para comprenderlas necesitamos que se refieran a una persona, a un tiempo y a un modo.

Singular quiere decir uno y plural quiere decir varios.

Las personas son las siguientes: **yo** (primera persona del singular), **tú** (segunda persona del singular), **él o ella** (tercera persona del singular), **nosotros** (primera persona del plural), **vosotros o ustedes** (segunda persona del plural) y **ellos o ellas** (tercera persona del plural).

Además, la acción o pasión tiene un modo. Modo quiere decir la manera especial de expresar la acción o pasión del verbo por parte de quién habla.

Como los modos expresan la manera especial en que se coloca quién habla, hay modos no personales o impersonales y modos personales. Estos últimos son indicativo, subjuntivo e imperativo.

El **modo impersonal** expresa la acción o pasión del verbo sin indicar la persona o personas que realizan la acción.

El **modo indicativo** expresa el significado independiente y objetivo de una realidad.

El **modo subjuntivo** presenta la acción o pasión como una simple idea, dependiente del pensamiento del quién habla.

El **modo imperativo** considera la voluntad de él que habla para que su interlocutor ejecute una acción presente.

Los **modos impersonales** del verbo o formas no personales, se llaman así, porque la acción o pasión del verbo se encuentra dicha sin indicar las personas o persona que realiza la acción. Los modos no personales del verbo son tres, a saber: el **infinitivo**, el **gerundio** y el **participio**.

El **infinitivo** es el nombre del verbo, es decir, la acción o pasión en abstracto, sin referirse a ninguna persona o a ningún tiempo.

Los **infinitivos** de los verbos están formados por las terminaciones -**ar**, -**er**, -**ir**. Para conjugarlos hay que tomar tres verbos modelos que son: *amar*, *temer* y *partir*.

El **gerundio** es la acción o pasión del verbo en ejecución, sin que nos indique que persona o personas la están realizando, ni en que tiempo. Por ese motivo, los gerundios normalmente hacen la función de un adverbio, es decir complementan el significado de otro verbo, del cual toman a la persona y el tiempo. En los verbos regulares, se emplea la terminación -**ando**, cuando los verbos terminan en -**ar** y la terminación -**iendo**, cuando los verbos terminan en -**er**, -**ir**; *amando*, *temiendo* y *partiendo*.

El **participio** designa la acción del verbo cuando se realizó. Por este motivo, los participios hacen las funciones de sustantivos o adjetivos, es decir, designan las acciones o pasiones de los verbos como si tuvieran una existencia real, independiente e individual o dicen cualidades o accidentes, es decir, atributos de las personas, cosas o acciones. En los verbos regulares, se emplea la terminación -**ado**, cuando los verbos terminan en -**ar** y la terminación -**ido**, cuando los verbos terminan en -**er**, -**ir**. En los verbos irregulares las terminaciones son -**to**, -**so**, -**cho**. En nuestros tres verbos modelos los participios se conjugan de la siguiente manera: *am**ado**, *tem**ido*** y *part**ido***.

Algunos verbos admiten tanto la conjugación regular, como la irregular, es decir, admiten tanto las terminaciones -**ado**, -**ido**, como las terminaciones -**to**, -**so**, -**cho**, que son irregulares. Es el caso de *prove**ído*** que también puede decirse *provi**sto***.

El **modo indicativo** expresa el significado independiente y objetivo de una realidad. Tiene cinco tiempos, a saber: 1. **Presente**, 2. **Futuro Simple** o **Futuro**, 3. **Pretérito Imperfecto** o **Copretérito**, 4. **Condicional Simple** o **Pospretérito** y 5. **Pretérito Perfecto Simple** o **Pretérito**. Tiempo es la duración de la acción o pasión del verbo.

Presente quiere decir el tiempo en que actualmente está uno cuando se refiere a algo. Se conjuga en las tres personas singulares y tres plurales.

Futuro Simple o **Futuro** quiere decir lo que está por venir. Se conjuga en las tres personas singulares y tres plurales.

Pretérito Imperfecto o **Copretérito** indica una acción cuyo principio y fin no se precisa, es decir, la acción comenzó en el pasado, pero no está concluida.

Condicional Simple o **Pospretérito** designa acciones que inician en el pasado, pero se prolongan al futuro.

Pretérito Perfecto Simple o **Pretérito** significa acciones que sucedieron antes, es decir, en el pasado.

El **modo subjuntivo** presenta la acción o pasión como una simple idea, dependiente del pensamiento del que habla. Tiene tres tiempos, a saber: 1. **Presente**, 2. **Pretérito Imperfecto** o **Copretérito**, y 3. **Futuro Simple** o **Futuro**. Tiempo es la duración de la acción o pasión del verbo.

Presente quiere decir el tiempo en actualmente está uno cuando se refiere a algo. Se conjuga en las tres personas singulares y tres plurales.

Pretérito Imperfecto o **Pretérito** significa acciones que sucedieron antes, es decir, en el pasado.

Futuro Simple o **Futuro** quiere decir lo que está por venir. Se conjuga en las tres personas singulares y plurales.

El **modo imperativo** considera la voluntad de él que habla con relación a que interlocutor ejecute una acción presente. Sólo se conjuga en presente y en segunda persona singular y plural

Presente quiere decir el tiempo en actualmente está uno cuando se refiere a algo. Se conjuga en las tres personas singulares y plurales.

Los **adverbios** complementan el significado de los verbos, de un adjetivo o de otro **adverbio**, es decir, designan el lugar, el tiempo, el modo, la cantidad, el orden, afirman, niegan, expresan duda (dubitativos), comparan (comparativos), agrandan el significado (superlativos), disminuyen el significado (diminutivos), formulan preguntas (interrogativos) o señalan una exclamación (exclamativos).

Adverbios de *lugar* tenemos: **abajo, acá, adelante, adentro, afuera, ahí, aquí, arriba, atrás, cerca, debajo, delante, dentro, detrás, encima, fuera, lejos,** etcétera.

Adverbios de *tiempo*: **ahora, antes, ayer, después, hoy, luego, mientras, nunca,** etcétera.

Adverbios de *modo*: **arreo, así, bien, buenamente, conformemente, despacio, duramente, entonces, fácilmente, lentamente, sólo, solamente, únicamente,** etcétera.

Adverbios de *cantidad* o *cuantitativos*: **bastantemente, casi, demasiadamente, más, menos, muy, tan,** etcétera.

Adverbios de *orden*: **primeramente,** etcétera.

Adverbios de *afirmación* o *afirmativos*: **absoluta-mente, asimismo, así mismo, ciertamente, necesa-riamente, sí, también.**

Adverbios de *negación*: **no, tampoco.**

Adverbios de *duda* o *dubitativos*: **quizá.**

Adverbios *superlativos*: **facilísimamente, lejísimos.**

Adverbios *diminutivos*: **cerquita.**

Adverbios *interrogativos*: **¿Cómo...? ¿Dónde...?**

Adverbios *exclamativos*: **¡Cómo!**

Los **artículos** son las partes de la oración que sirven principalmente para denotar la extensión en que ha de tomarse el nombre al cual se antepone, es decir, indican que el sustantivo al cual aluden es conocido (**el, la, los, las, lo**) o desconocido (**un, una, unos, unas**).

El artículo **el** cuando va después de la preposición *de* sufre una contracción, es decir, se reduce y en lugar de escribir *de* **el**, escribimos *del*. De la misma manera cuando el artículo **el** va después de la preposición *a* sufre una contracción, es decir, se reduce y en lugar de escribir *a* **el**, escribimos *al*.

Las **preposiciones** son las partes invariables de la oración, cuyo oficio o labor consiste en enlazar o relacionar que entre sí dos palabras o elementos de las oraciones. Las preposiciones son: **a, ante, cabe, con,**

contra, de, desde, en, entre, hacia, hasta, para, por, según, sin, so, sobre y **tras.**

Las preposiciones tienen los siguientes significados:

a. *1. Expresa en general el movimiento material o figurado.*
2. Denota: dirección; término a que se encamina una persona o cosa.
3. Orientación o exposición.
4. Cercanía, proximidad.
5. Lugar o tiempo en que sucede una cosa, aunque con cierta vaguedad.
6. Distancia en el espacio.
7. Distancia moral.
8. Manera.
9. Modo de hacer alguna cosa.
10. Da principio a muchas locuciones adverbiales; y conjuntivas.
11. Instrumento.
12. Precio.
13. Mandato, con verbo en infinitivo.
14. Distribución o cuenta proporcional.
15. Comparación o contraposición entre dos personas o conceptos.
16. Expresa la relación de complemento directo; indirecto; circunstancial.
17. Precediendo a tiempos de infinitivo en expresiones de sentido condicional, equivale a la conjunción si con indicativo o subjuntivo.
18. Se utiliza en sustitución de algunas preposiciones y

conjunciones que expresan movimiento, dirección, intención, causa, etc..

ante. 1. Expresa en general prioridad o preferencia. Significa; en presencia de, delante de; precediendo a corta distancia.
2. Antelación o preferencia de cosas y acciones.
3. En comparación de, respecto de.

cabe. 1. preposición antigua. Cerca de, junto a.

con. 1. Expresa en general concurrencia, medio o modo que sirve para hacer alguna cosa:
2. Denota: compañía, unión.
3. Instrumento, medio o manera.
4. Contenido o adherencia.
5. Reciprocidad.
6 Comparación.
7. En general expresa idea de relación o comunicación con otros; significando especificamente relación se combina con la preposición para.
8. Antepuesta al infinitivo, equivale a gerundio; o a la conj. concesiva aunque.
9. A pesar de.
10. Contrapone lo que se dice en una exclamación con una realidad expresa o implícita.
11. Locución condicional, con que, o con tal que, o con sólo que; en el caso de que.

contra. 1. Expresa en general opinión y contrariedad.
2. Significa pugna.
3. Enfrente o mirando hacia.

4. A cambio de.

de. 1. *Elemento de relación que introduce tanto complementos del verbo como del nombre.*
2. *Denota: propiedad, posesión y pertenencia.*
3. *Materia de que está hecha una cosa; cuando nos referimos a partes de alguna cosa o cantidad, comunica sentido partitivo; por esto se usa en frases comparativas cuando se trata de cantidades.*
4. *Figura atribución del contenido al continente.*

desde. 1. *Denota el punto, en tiempo o lugar, de que procede, se origina o ha de empezar a contar una cosa, un hecho o una distancia.*
2. *Después de.*
3. *Es parte de muchas locuciones adverbiales.*

en. 1. *Expresa en general idea de reposo, a diferencia de la preposición a, usada generalmente para las relaciones de movimiento. Denota el lugar o el tiempo en que se determina una acción.*
2. *Modo o manera de realizarla.*
3. *Forma o formato.*
4. *Aquello en que se ocupa o sobresale una persona.*
5. *Medio o instrumento.*
6. *Precio.*
7. *Sirve de enlace en la construcción de ciertos verbos con otros en infinitivo.*
8. *Precediendo a un gerundio significa sucesión inmediata, equivalente a luego que, después que.*
9. *Precediendo a ciertos sustantivos y adjetivos, da origen a locuciones adverbiales modales.*

entre. 1. *Elemento de relación que introduce tanto complementos del verbo como del nombre.*

2. *Denota situación o estado en medio de dos o más personas o cosas.*
3. *Intervalo entre dos momentos.*
4. *Grado o categoría no más alto ni más bajo que otros dos.*
5. *Calidad intermedia.*
6. *Relación o comparación.*
7. *Dentro de, en lo interior; seguida de los pronombres personales mi, ti, sí y algunos verbos, denota que la acción de estos es interior, secreta, y no se comunica a otro.*
8. *Participación o cooperación en un grupo o conjunto.*
9. *Seguida de la conjunción y u o pierde el carácter de preposición y forma una locución conjuntiva copulativa o disyuntiva.*

hacia. 1. *Denota la dirección del movimiento con respecto al punto de su término.*
2. *Proximidad a un lugar o tiempo determinados; cerca de, alrededor de.*
3. *Con verbos de sentimiento, acompaña al complemento de persona.*

hasta. 1. *Expresa el término del cual no se pasa con relación al espacio, al tiempo y a la cantidad.*
2. *Conjunción. Denota la misma significación copulativa de también, aun.*
3. *Locución conjuntiva, Hasta que y tanto que; sirve para expresar el término de la duración del verbo principal:*

4 Hasta luego, ahora y después, frase de salutación y despedida.

para. *1. Elemento de relación que introduce tanto complementos del verbo como del nombre. Denota la dirección del movimiento.*
2. Término de un transcurso de tiempo.
3. Expresa la relación de complemento indirecto o dativo.
4. Destino que se da a las cosas.
5. Fin que nos proponemos en nuestras acciones.
6. Utilidad o aptitud.
7. Inminencia de la acción o propósito de llevarla a cabo.
8. Acción interior que no se comunica a otro.

por. *1. Expresa sustancialmente el movimiento, tanto real como figurado, en el momento del tránsito:*
2. Denota el lugar por donde se pasa.
3. Lugar aproximado.
4. Tiempo en que una acción se realiza.
5. Tiempo aproximado.
6. Modo de ejecutar una acción.
7. Medio.
8. Causa.
9. Elemento de relación que introduce el complemento agente en las oraciones de pasiva.
1.0 Intercambio, sustitución o valor.
11. Distribución.
12. Multiplicación.
13. Proporción.
14. Finalidad.
15. Búsqueda.

16. *Elección o parcialidad.*
17. *Comparación entre dos términos idénticos.*
18. *Separación de los términos de una serie.*
19. *En orden o acerca de.*
20. *En calidad de.*
21. *En favor, o a favor, o en defensa, de.*
22. *En lugar de.*
23. *Opinión, consideración*

según. *1. Expresa en general conformidad, acuerdo entre los términos que relaciona.*
2. Precediendo inmediatamente a nombres o pronombres personales significa con arreglo a lo que opinan las personas de que se trata.

3. Toma carácter de adverbio conjuntivo, denotando relaciones de conformidad, correspondencia o modo. Equivale más comúnmente a: como, con arreglo, en conformidad a lo que; con correspondencia a; de la misma suerte que; por el modo en que.
4. Expresa progresión simultánea de dos acciones.
5. Con carácter adverbial y en frases elípticas indica eventualidad.
6. Locución conjuntiva y como, y conforme, expresan también eventualidad: o equivalen a igual manera o suerte que:
7 Locución conjuntiva que con arreglo a lo que; puede ser suplido por según lo que.

sin. *1. Denota privación o carencia de alguna cosa.*
2. Fuera de, o además de.
3. Con el infinitivo de un verbo equivale a no y al ge-

rundio o participio de dicho verbo: *partió sin comer, no habiendo comido.*
4. Cuando acompaña a palabras negativas significa afirmación más o menos atenuada: *entré, no sin miedo, con algún miedo.*

so. 1 preposición Bajo, debajo de. *ús.* con los sustantivos *capa, color, pena;* fuera de estos casos, su empleo es *lit.* arcaizante.

sobre. 1. Encima.
2. Cerca de otra cosa con más altura que ella.
3. Con dominio y superioridad.
4. En prenda de una cosa.
5. Denota aproximación en una cantidad o número.
6. En el comercio se usa para denotar la persna contra quien se gira una cantidad, o la plaza donde ha de hacerse efectiva.
7. Asunto o materia de que se trata.
8. Posterioridad.
9. Exceso de vigilancia.
10. Precedida y seguida de un mismo sustantivo, denota idea de reiteración.
11. úsese precediendo al nombre de la finca o fondo que tiene afecta una carga o gravamen.
12. A o hacia.
13. Además de.

tras. 1. Expresa en general posterioridad en el espacio o en el tiempo. Significa: *después de.*
2. Además.
3. Figura en busca, en seguimiento de.
4. Detrás de, en situación posterior.

Los **pronombres** son las palabras que suplen a los sustantivos o los determinan, como: **aquél (aquélla, aquello, aquéllos y aquéllas), cuál (cuáles), cuánto (cuánta), cuyo (cuya), él, (ella, ellos, ellas), ése (ésa, eso, ésos, ésas), éste (ésta, esto, éstos, éstas), le (les), me, mí, nos (nosotros, nosotras), nuestro (nuestra, nuestros, nuestra), os, que, quién (quiénes), se, sí, su (sus, suyo, suya, suyas, suyos), te, ti, tú (tus, tuyo, tuya, tuyos, tuyas), vuestro (vuestra, vuestros, vuestras), yo.**

Las **conjunciones** son las partes invariables de la oración que denotan la relación que existe entre dos oraciones o entre miembros, vocablos o palabras de ellas, juntándolos o enlazándolos siempre gramaticalmente, aunque a veces signifique contrariedad o separación de sentido entre unos y otros. Las **conjunciones** son: **aunque, con que, cuando, mas, ni, o (u), ora, pero, porque, pues, si, sino, y (e).**

Las interjecciones son voces que expresan alguna impresión súbita o sentimiento profundo como asombro, sorpresa, dolor, molestia, amor, etcétera. Algunas interjecciones son: **¡aguar!, ¡ah!, ¡ahijuna¡, ¡ay!, ¡ayayay!, ¡bah!, ¡che!, ¡ea!, ¡hum!, ¡huy!, ¡jo!, ¡oh!, ¡olé!, ¡puf!, ¡uh!,** etcétera.

TERCERA PARTE
REGLAS DE ORTOGRAFÍA

Regla Principal

Los compuestos y derivados creados en nuestra lengua a partir de determinada voz adoptan, en el lugar que les corresponde, las letras de la palabra primitiva.

Reglas generales o notas orientadores

Con relación a las grafías o letras o dígrafos *a, ch, d, e, f, l, m, n, ñ, o, p, t;* ya vimos que corresponde a sus fonemas, por lo que para estas letras sólo existe reglas de ortografía en relación con las letras *m,* que representa un fonema **bilabial nasal sonoro,** y letra *n* que representa un fonema **alveolar nasal sonoro.** Estas reglas nos ayudarán con la escritura del fonema bilabial oclusivo sonoro que puede representarse con las letras *b, v, w.*

Escribe **m** cuando escuches el fonema bilabial nasal sonoro, antes de los fonemas: bilabial oclusivo sonoro repesentado por la letra **b** y bilabial oclusivo sordo que representa la letra **p.**

65

Ejemplos: a**mb**iguo, i**mp**erio, ca**mp**o.

En cambio, escribe siempre **n** cuando escuches el fonema que representa, es decir, **alveolar nasal sonoro** antes del fonema **bilabial oclusivo sonoro** que representa la letra **v**.

Ejemplos: e**nv**ío, i**nv**itar, a**nv**erso.

Escribe **m** cuando escuches el fonema que representa, es decir, **bilabial nasal sonoro**, a principio de palabra, cuando precede inmediatamente al fonema de articulación **alveolar nasal sonoro** representado por la letra **n**. Ejemplos: **mn**emotecnia, **mn**emónica, **mn**emotécnico y sus compuestos y derivados. En tales palabras puede simplificarse la grafía y escribirse **n**emotecnia, **n**emónica, **n**emotécnico.

El prefijo **mn**emo significa memoria proviene del griego.

Escribe **m** cuando escuches el fonema **bilabial nasal sonoro** al final de palabra, en algunos extranjerismos y latinismos.

Ejemplos: zu**m**, álbu**m**, currículu**m**, auditóriu**m**.

Las vocales **a**, **e**, **o**, que se llaman vocales **fuertes** o **abiertas**, pues representan los fonemas: **vocálico**

abierto central, vocálico medio palatal y **vocálico medio posterior**, respectivamente, siempre corresponden al fonema que representan.

En cambio las vocales **i, u**, que se llaman vocales **débiles** o **cerradas**, pues representan los fonemas: **vocálico cerrado palatal** y **vocálico cerrado posterior**, respectivamente, comparten fonema con las consonantes **y, w**.

El fonema **vocálico cerrado posterior** representado por la letra **u**, en las palabras en español siempre coincide con la letra **u** y sólo en las palabras que provienen del inglés, el fonema **vocálico cerrado posterior** es representado por la **w**.

Escribe con **y** las palabras que terminan con el sonido o fonema vocálico cerrado palatal correspondiente a la letra **i** precedido de una vocal con la que forma diptongo, o de dos con las que forma triptongo.

Ejemplos: a**y**, esto**y**, verdega**y**, Bomba**y**, b**uy** le**y**, re**y**, convo**y**, so**y**, Godo**y**, m**uy**, Urug**uy**, Gara**y**, etc.

Dado que el fonema fonema vocálico, cerrado y palatal está al final de la palabra con la que forma diptongo las posibles terminaciones de acuerdo al cuadro de los diptongos son: a**y**, e**y**, **iy**, o**y**, **uy**.

Las palabras que provienen de otras lenguas están sujetas a la regla general, es decir, conservan su escritura original como por ejemplo sahara**ui** o bonsái; por tanto, se escriben con **i** a pesar de formar diptongo o triptongo.

La conjunción copulativa **y** que comparte el fonema vocálico cerrado palatal correspondiente a la letra **i**, se escribe con **y**. Esta conjunción toma la forma **e** ante una palabra que empiece por el fonema vocálico cerrado palatal de la letra **i**, salvo si esa **i** forma diptongo. Las posibles combinaciones de este diptongo son: ia, ie, ii, io, iu.

La letra **y**, además de representar el fonema **vocálico cerrado palatal**, también representa el fonema **palatal lateral sonoro**, que igualmente es representado con la letra **ll**.

Para saber cuando escribir **y** o **ll**, cuando escuches este fonema **palatal lateral sonoro** es necesario aprender las siguientes reglas.

1. Escribe con **y** las palabras que tienen el sonido palatal lateral sonoro ante vocal cuando sigue a los prefijos *ad-*, *dis-* y *sub-*.

Ejemplos: a**dy**acente, *dis*y*untivo*, *sub*y*acer*.

Los prefijos son partículas que se anteponen a la palabra. Los prefijos tienen un significado que modifica a la palabra a la cual se anteponen.

El prefijo *ad-* significa dirección, tendencia, proximidad, contacto, encarecimiento. Cuando la palabra empieza con algunas consonantes se usa la forma *a-*.

El prefijo *dis-* significa negación o contrariedad, dificultad o anomalía.

El prefijo *sub-* significa bajo o debajo de, puede significar inferioridad, acción secundaria, atenuación o disminución.

ady. Es un sustantivo femenino que en botánica significa: Palmera de Fernando Poo.

*ady*acencia es un adjetivo que quiere decir contigüidad o proximidad.

*ady*acente es un adjetivo que significa contiguo, inmediato, próximo, situado en la inmediación de otra cosa. También en geometría son los ángulos que tienen el vértice y un lado común y los otros dos a diferente parte del lado común.

*ady*untivo o *ady*untiva son adjetivos cuyo significado es conjuntivo.

*ady*untorio es un sustantivo masculino que significa ayuda o auxilio.

*ady*uvante es un adjetivo que quiere decir que ayuda.

*dis*yunción es un sustantivo femenino que significa la acción y efecto de separar y desunir.

disyunta es un sustantivo que quiere decir mutación de voz con que se pasa de una propiedad o deducción a otra.

disyuntifloro o *disyuntiflora* son adjetivos que en botánica significa que tienen las flores separadas unas de otras.

disyuntiva es un sustantivo femenino que denota alternativa entre dos cosas por una de las cuales hay que optar

disyuntivamente es un adjetivo que significa separadamente, cada cosa de por sí.

disyuntivo o *disyuntiva* son adjetivos que quieren decir la capacidad de desunir.

disyunto o *disyunta* son adjetivos que significan apartado, separado, distante.

disyuntor es un sustantivo que nombra en física al conmutador destinado a romper bruscamente un circuito electrico.

subyacente es un adjetivo que significa que yace o está debajo de otra cosa.

subyecto es un sustantivo masculino que quiere decir súbdito, vasallo.

subyugable es un adjetivo que denota la idea de que se puede *subyugar*.

*sub*y*ugación* es un sustantivo femenino que significa acción y efecto de *sub*y*ugar* o *sub*y*ugarse*.

*sub*y*ugador* es una adjetivo que significa que subyuga.

*sub*y*ugal* es un adjetivo que en medicina quiere decir situado debajo del hueso pómulo o malar.

*sub*y*ugar* es un verbo que significa: avasallar, sojuzgar, dominar poderosa o violentamente.

2. Escribe **y** cuando escuches el fonema **palatal lateral sonoro**, en algunas formas de los verbos **caer, creer, leer, poseer, proveer, raer, sobreseer**, y algunas formas de los verbos acabados en **-oír** y **-uir**.

Los verbos que tiene que ver con la regla de la **y** son: *ca*e**r**, *cr*e**er**, *l*e**er**, *pos*e**er**, *prov*e**er**, *ra*e**r**, *sobres*e**er**, terminan en **-er** y los verbos que terminan en **-ir**, pero que antes tienen las vocales **o-**, **u-**, es decir, terminan en **-oir**, **-uir**, como: *atrib***uir**, *circ***uir**, *concl***uir**, *confl***uir**, *constit***uir**, *des***oír**, *destit***uir**, *destr***uir**, *dil***uir**, *dismin***uir**, *excl***uir**, *fl***uir**, *gr***uir**, *h***uir**, *imb***uir**, *infl***uir**, *instit***uir**, *instr***uir**, *l***uir**, *obstr***uir**, **oír**, *recl***uir**, *redarg***üir**, *refl***uir**, *retrib***uir**. Y las conjugaciones donde se aplica esta regla son las siguientes:

En el **modo impersonal**, en donde la acción o pasión del verbo se encuentra dicha sin indicar las personas o persona que realiza la acción; el **gerundio** que es la acción o pasión del verbo en ejecución, *ca*yendo

Cambiando las letras cursivas obtienes la conjugación de los siguientes verbos *cre*er, *le*er, *pose*er, *prove*er, *ra*er, *sobrese*er, *atribu*ir, *circu*ir, *conclu*ir, *conflu*ir, *constitu*ir, *deso*ír, *destitu*ir, *destru*ir, *dilu*ir, *disminu*ir, *exclu*ir, *flu*ir, *gru*ir, *hu*ir, *imbu*ir, *influ*ir, *institu*ir, *instru*ir, *lu*ir, *obstru*ir, *o*ír, *reclu*ir, *redargü*ir, *reflu*ir, *retribu*ir.

Por lo que se refiere a estos verbos se escriben con **y** los siguientes modos, tiempos y personas.

En el **modo indicativo** que expresa el significado independiente y objetivo de una realidad; el tiempo **presente**, quiere decir el tiempo en actualmente está uno cuando se refiere a algo, las siguientes personas:

yo *atribu***yo**(primera persona del singular)

tú *atribu***yes**(segunda persona del singular)

él o ella *atribu***ye** (tercera persona del singular)

vosotros o ustedes *atribu***ís**/*atribu***yen**(segunda persona del plural)

ellos *atribu***yen** (tercera persona del plural).

Cambiando las letras cursivas obtienes la conjugación de los siguientes verbos *circu*ir, *conclu*ir, *conflu*ir, *constitu*ir, *destitu*ir, *destru*ir, *dilu*ir, *disminu*ir, *exclu*ir, *flu*ir, *gru*ir, *hu*ir, *imbu*ir, *influ*ir, *institu*ir, *instru*ir, *lu*ir, *obstru*ir, *reclu*ir, *redargü*ir, *reflu*ir, *retribu*ir.

La primera persona singular del verbo *raer*, admite la siguiente conjugación:

yo *ra**i**go* o *rayo* (primera persona del singular)

En cambio, la primera persona singular de los verbos *desoír, oír*, sólo pueden conjugarse:

yo *o**i**go* (primera persona del singular)

yo *deso**i**go* (primera persona del singular)

El resto de las personas de los verbos *desoír, oír*, se conjugan de la misma manera que los verbos terminados en *-u**i**r*

tú *deso**yes***(segunda persona del singular)

él o ella *deso**ye*** (tercera persona del singular)

vosotros o ustedes *deso**ís**/deso**yen***(segunda persona del plural)

ellos *deso**yen*** (tercera persona del plural).

Cambiando las letras cursivas obtienes la conjugación del verbo *oír*.

En el **modo indicativo**, que expresa el significado independiente y objetivo de una realidad; el tiempo **pretérito perfecto simple** o **pretérito**, que significa acciones que sucedieron antes, es decir, en el pasado, en las siguientes personas:

él o ella *le**yó*** (tercera persona del singular)

vosotros o ustedes *leisteis/leyeron*(segunda persona del plural)

ellos *leyeron*(tercera persona del plural).

Cambiando las letras cursivas obtienes la conjugación de los siguientes verbos *ca*er, *cr*e*er*, *pos*e*er*, *prov*e*er*, *ra*er, *sobres*e*er*, *atribu*ir, *circu*ir, *conclu*ir, *conflu*ir, *constitu*ir, *des*oír, *destitu*ir, *destru*ir, *dilu*ir, *disminu*ir, *exclu*ir, *flu*ir, *gru*ir, *hu*ir, *imbu*ir, *influ*ir, *institu*ir, *instru*ir, *lu*ir, *obstru*ir, *o*ír, *reclu*ir, *redargü*ir, *reflu*ir, *retribu*ir.

En el **modo subjuntivo** presenta la acción o pasión como una simple idea, dependiente del pensamiento del que habla; el tiempo **presente**, quiere decir el tiempo en actualmente está uno cuando se refiere a algo, en las siguientes personas:

yo *conclu*ya(primera persona del singular)

tú *conclu*yas(segunda persona del singular)

él o ella *conclu*ya (tercera persona del singular)

nosotros *conclu*yamos (primera persona del plural)

vosotros o ustedes *conclu*yáis/ *conclu*yan(segunda persona del plural)

ellos *conclu*yan (tercera persona del plural).

Cambiando las letras cursivas obtienes la conjugación de los siguientes verbos *atribu*ir, *circu*ir, *con-*

fluir, constituir, destituir, destruir, diluir, disminuir, excluir, fluir, gruir, huir, imbuir, influir, instituir, instruir, luir, obstruir, recluir, redargüir, refluir, retribuir.

En el **modo subjuntivo** presenta la acción o pasión como una simple idea, dependiente del pensamiento del que habla; el **presente** que quiere decir el tiempo en actualmente está uno cuando se refiere a algo, del verbo *raer* admite doble conjugación:

yo *raiga* o *raya*(primera persona del singular)

tú *raigas* o *rayas*(segunda persona del singular)

él o ella *raiga* o *raya* (tercera persona del singular)

nosotros *raigamos* o *rayamos* (primera persona del plural)

vosotros o ustedes *raigáis* o *rayáis/raigan* o *rayan*(segunda persona del plural)

ellos *raigan* o *rayan* (tercera persona del plural).

En el **modo subjuntivo**, presenta la acción o pasión como una simple idea, dependiente del pensamiento del que habla; el **pretérito imperfecto** o **copreterito**, que significa acciones que sucedieron antes, es decir, en el pasado, se conjuga de la siguiente manera:

yo *cayera* o *cayese*(primera persona del singular)

tú ca**yeras** o ca**yeses**(segunda persona del singular)

él o ella ca**yera** o ca**yese** (tercera persona del singular)

nosotros ca**yéramos** o ca**yésemos** (primera persona del plural)

vosotros o ustedes ca**yerais** o ca**yeseis**/ca**yeran** o ca**yesen**(segunda persona del plural)

ellos ca**yeran** o ca**yesen** (tercera persona del plural).

Cambiando las letras cursivas obtienes la conjugación de los siguientes verbos: cre**er**, le**er**, pose**er**, prove**er**, ra**er**, sobrese**er**, atribu**ir**, circu**ir**, conclu**ir**, conflu**ir**, constitu**ir**, deso**ír**, destitu**ir**, destru**ir**, dilu**ir**, disminu**ir**, exclu**ir**, flu**ir**, gru**ir**, hu**ir**, imbu**ir**, influ**ir**, institu**ir**, instru**ir**, lu**ir**, obstru**ir**, o**ír**, reclu**ir**, redargü**ir**, reflu**ir**, retribu**ir**.

En el **modo subjuntivo**, presenta la acción o pasión como una simple idea, dependiente del pensamiento del que habla; el **futuro simple** o **futuro**, que quiere decir lo que está por venir, se conjuga de la siguiente manera:

yo le**yere** (primera persona del singular)

tú le**yeres** (segunda persona del singular)

él o ella le**yere** (tercera persona del singular)

nosotros *leyéremos* (primera persona del plural)

vosotros o ustedes *leyereis* o *leyeren* (segunda persona del plural)

ellos *leyeren* (tercera persona del plural).

Cambiando las letras cursivas obtienes la conjugación de los siguientes verbos: *caer, creer, poseer, proveer, raer, sobreseer, atribuir, circuir, concluir, confluir, constituir, desoír, destituir, destruir, diluir, disminuir, excluir, fluir, gruir, huir, imbuir, influir, instituir, instruir, luir, obstruir, oír, recluir, redargüir, refluir, retribuir.*

En el **modo imperativo**, considera la voluntad de él que habla para que su interlocutor ejecute una acción presente; el tiempo **presente**, que quiere decir el tiempo en actualmente está uno cuando se refiere a algo, se conjuga de la siguiente manera:

tú *destruye* / vos destruí(segunda persona del singular)

vosotros o ustedes *destruid/destruyan*(segunda persona del plural)

Cambiando las letras cursivas obtienes la conjugación de los siguientes verbos *atribuir, circuir, concluir, confluir, constituir, desoír, destituir, diluir, disminuir, excluir, fluir, gruir, huir, imbuir, influir, instituir, instruir, luir, obstruir, oír, recluir, redargüir, refluir, retribuir.*

El **modo imperativo**, tiempo **presente**, del verbo *raer* en la siguiente persona.

vosotros o ustedes *ra**ed**/raig**an** o ra**yan** (segunda persona del plural)

3. Escribe **y** cuando escuches el fonema **palatal lateral sonoro**, en las palabras que contienen la sílaba -yec-.

ab**y**ecto significa despreciable.

pro**y**ectar quiere decir dirigir o lanzar hacia delante; también significa hacer un plan; otro significado es reflejar sobre una pantalla imágenes.

in**y**ectar significa introducir a presión un liquido o gas en un cuerpo.

4. Escribe con **y** cuando escuches este fonema **palatal lateral sonoro** en los plurales de los nombres que terminan con el fonema **vocalico cerrado palatal**, representado por la letra **y** en singular. Esta regla es una aplicación de la regla principal que dice: **Los compuestos y derivados creados en nuestra lengua a partir de determinada voz adoptan, en el lugar que les corresponde, las letras de la palabra primitiva.**

re**y** es singular porque se refiere a uno solo.

re**y**es es plural porque se refiere a varios.

5. Escribe con **y** el **modo impersonal**, en donde la acción o pasión del verbo se encuentra dicha sin indicar las personas o persona que realiza la acción; el **gerundio** que es la acción o pasión del verbo en ejecución, del verbo ir: **yendo.**

El dígrafo **ll** representa el fonema **palatal lateral sonoro** que también representa la letra **y**, para saber cuando escribir **ll**, es necesario conocer las siguientes notas orientadoras o reglas generales.

1. Escribe **ll** cuando escuches el fonema **palatal lateral sonoro** en las palabras de uso general terminadas en *-illa* e *-illo.*

Ejemplos: me*sill*a, cigar*rillo*, cos*till*a.

2. Escribe con **ll** la mayor parte de los verbos terminados en *-illar, -ullar,* y *-ullir.*

Ejemplos: abarqu*illar*, apab*ullar*, b*ullir*, acaud*illar*, acep*illar*, acod*illar*, acuadr*illar*, acor*ullar*, acuart*illar*, acuch*illar*, agav*illar*, ahorq*illar*, amanc*illar*, amant*illar*, amart*illar*, apel*lidar*, aplant*illar*, aport*illar*, apost*illar*, arrod*illar*, arr*ullar*, art*illar*, ast*illar*, atab*illar*, aturr*ullar*, cad*illar*, clauqu*illar*, desbarb*illar*, desboqu*illar*, descard*illar*, descant*illar*, descap*illar*, descarr*illar*, descolm*illar*, descost*illar*, despald*illar*, deport*illar*, destorn*illar*, empand*illar*, empel*licar*, emprest*illar*, engarb*ullar*, entorn*illar*, escard*illar*, escud*illar*, estr*illar*, hebillar, hormiguillar, mamullar, maravillar, mascullar, farfullar, membrillar, magullar, mascullar, membrillar, patrullar, patullar, pillar, rastrillar, desmullir, engullir, mullir, rebullir, remullir, salpullir, sarpullir, zabullir.

La letra **r** comparte fonema con el díagrafo **rr**. En efecto, la letra **r** al inicio o final de sílaba o antecedida de una consonante que no pertenece a la misma sílaba representa un sonido **alveolar vibrante múltiple sonoro** igual al fonema que representa el dígrafo **rr**.

Las notas orientadoras del dígrafo **rr** son:

1. Escribe con **rr** las palabras que tienen el sonido **alveolar vibrante múltiple sonoro** en posición intervocálica, es decir, escuchas el fonema **alveolar vibrante múltiple sonoro** entre dos vocales, una antes y otra después.

Ejemplos: pa**rr**a, ce**rr**o, ba**rr**a, ce**rr**ojo, a**rr**ullo.

Esta regla es general, siempre se aplica. Sin embargo, es necesario que haya una regla especial que deriva de esta regla general por lo siguiente:

La regla principal de la ortografía es: **los compuestos y derivados creados en nuestra lengua a partir de determinada voz adoptan, en el lugar que les corresponde, las letras de la palabra primitiva.**

Con base en esta regla principal, cuando una palabra se escriba con la letra **r** sus compuestos deberían escribirse con **r**. Sin embargo la regla general del dígrafo **rr** establece que se escribe **rr** cuando el sonido alveolar vibrante múltiple sonoro lo pronunciamos entre dos vocales. Por tal motivo hay una regla especial que deriva de la regla general del dígrafo **rr** que es la siguiente:

2. Escriben con **rr** las palabras compuestas cuyo segundo formante comienza por **r**, de manera que el sonido alveolar vibrante múltiple sonoro queda en posición intervocálica.

Ejemplos: anda**rr**íos, contra**rr**éplica, pro**rr**ata, vice**rr**ector. Las palabras originales se escriben **r**íos, **r**éplica, **r**ata, **r**ector, es decir, con la letra **r**, pero sus compuestos se escriben con el dígrafo **rr** debido a que quedan entre dos vocales.

Las notas orientadoras o reglas generales sobre el uso de la letra **r** cuando escuches el sonido **alveolar vibrante múltiple sonoro** son las siguientes:

1. Escribe **r** cuando escuches el sonido **alveolar vibrante múltiple sonoro** en posición inicial de las palabras.

Ejemplos: **r**azón, **r**egla, **r**isco, **r**osa, **r**umor.

2. Escribe **r** cuando escuches el sonido **alveolar vibrante múltiple sonoro** al final de sílaba.

Ejemplos: arpegio, perla, olivar, amor.

3. Escribe con **r** cuando escuches el sonido **alveolar vibrante múltiple sonoro** detrás de cualquier otra consonante que pertenezca a sílaba distinta.

Ejemplos: alrededor, malrotar, honra, rumrum, israelita.

4. Escribe con **r** las palabras que tienen el sonido alveolar vibrante simple sonoro entre dos vocales, y precedido de los sonidos representados por las consonantes **b**, **c**, **d**, **f**, **g**, **k**, **p**, y **t**, es decir, **br**, **cr**, **dr**, **fr**, **gr**, **kr**, **pr** y **tr**.

Ejemplos: cara, pereza, brazo, cromo, drama fresa, grande, krausismo, prado, tramo.

La letra **g** representa dos fonemas, uno, **velar oclusivo sonoro** y otro **velar fricativo sordo**.

Las notas orientadoras sobre el uso de la **g** cuando escuches el sonido **velar oclusivo sonoro** son las siguientes:

1. La letra **g**, representa un sonido **velar oclusivo sonoro** antes de las vocales **a**, **o**, **u** y antes de consonante.

2. El dígrafo **gu**, representa un sonido **velar oclusivo sonoro** antes de **e**, **i**.

3. Para representar el sonido **velar oclusivo sonoro** antes de la letra **u** cuando siguen las letras **e**, **i**, es decir, cuando ocupamos el dígrafo **gu**, utilizamos el dígrafo **gü**.

4. Escribe **g** las palabras en que el fonema **velar oclusivo sonoro** precede a cualquier *consonante*, pertenezca o no a la misma sílaba.

Ejemplos: **g**lacial, **g**rito, do**g**mático, impre**g**nar, mali**g**no, repu**g**nancia.

La letra **g** representa dos fonemas, uno, **velar oclusivo sonoro** y otro, **velar fricativo sordo**.

Por cuanto hace al segundo sonido (**velar fricativo sordo**) que comparte la **g** antes de las vocales **e**, **i**, con la **j**, está existen las siguientes reglas generales o notas orientadoras:

1. Escribe **g** cuando escuches el sonido **velar fricativo sordo** en las palabras que empiezan por **g**est-.

Las palabras que siguen esta regla son:

gesta. 1. Sustantivo femenino. Conjunto de hazañas o hechos memorables de un hombre o de un pueblo. 2. Cantar, o canción, de un poema épico heroico tradicional, compuesto en los países de la Europa medieval; como el Cantar de Mío Cid y la Canción de Roldán.

gestación. 1. Sustantivo femenino. BIOLOGÍA Desarrollo del óvulo fecundado, hasta el nacimiento del nuevo ser. 2. Tiempo que dura este desarrollo. 3. (figurado) Preparación o elaboración.

gestaura. 1. Sustantivo femenino. Cara o rostro.

gestar. 1. Verbo transitivo. Llevar y sustentar la madre en sus entrañas el fruto vivo de la concepción hasta el momento del parto. 2. Verbo pronominal. (figurado) Prepararse, desarrollarse o crecer sentimientos, ideas o tendencias individuales o colectivas.

gestatorio, -ria. 1. Adjetivo. Que se lleva a brazos.

gestear. Verbo intransitivo. Hacer gestos.

gestero, ra. 1. Adjetivo. Que tiene el hábito de hacer demasiados gestos.

gesticulación. 1. Sustantivo femenino. Acción o efecto de gesticular.

gest*iculador, ra*. 1. Adjetivo. Que gesticula.

gest*icular* 1. Adjetivo. Relativo al gesto. 1. Verbo intransitivo. Hacer gestos.

gest*iculoso, sa*. 1. Adjetivo. Que gesticula.

gest*ión*. 1. Sustantivo femenino. Acción de gestionar. 2. Efecto de gestionar. 3. Acción de administrar. 4. Efecto de administrar. 5. Gestión de negocios, cuasicontrato que se origina por el cuidado de intereses ajenos, sin mandato de su dueño. 6. INFORMÁTICA. Disposición y organización de los recursos de un ordenador para obtener los resultados esperados.

gest*ionar*. 1. Verbo transitivo. Hacer diligencias para el logro [de un negocio o de un deseo cualquiera].

gest*o*. 1. Sustantivo masculino. Expresión del rostro, ademán. 2. Movimiento exagerado del rostro por hábito o enfermedad. 3. Mueca. 4 Cara (parte de la cabeza). 5. Acto o hecho. 6. Rasgo notable de carácter o de conducta.

gest*or, -ra*. 1. Adjetivo – sustantivo. Que gestiona. 2. Sustantivo masculino. Miembro de una empresa o sociedad mercantil que participa en su dirección o administración. 3. Gestor administrativo, el que habitualmente se dedica a promover y activar toda clase de asuntos particulares, de sociedades o corporaciones en las oficinas públicas, mediante la percepción de honorarios.

gestoría. 1. Sustantivo femenino. Oficina del gestor.

gestual. 1. Adjetivo. Referente o relativo a los gestos. 2. Que se hace con gestos.

2. Escribe **g** cuando escuches el sonido **velar fricativo sordo** en las palabras que empiezan por el elemento compositivo **g**eo- ('tierra').

Ejemplos: **g**eógrafo, **g**eometría, **g**eodesia.

3. Escribe **g** cuando escuches el sonido **velar fricativo sordo** en las palabras que terminan en -**g**élico, -**g**enario, -**g**éne, -**g**énico, -**g**enio, -**g**énito, -**g**esimal, -**g**ésimo y -**g**ético.

Ejemplos: an**g**élico, sexa**g**enario, homo**g**éneo, foto**g**énico, in**g**enio, primo**g**énito, cuadra**g**esimal, vi**g**ésimo, apolo**g**ético.

4. Escribe **g** cuando escuches el sonido **velar fricativo sordo** en las palabras que terminan en -**g**iénico, -**g**inal, -**g**íneo, -**g**inoso.

Ejemplos: hi**g**iénico, ori**g**inal, vir**g**íneo, ferru**g**inoso.

La palabra aguajinoso está en desuso y debe escribirse aguanoso.

5. Escribe **g** cuando escuches el sonido **velar fricativo sordo** en las palabras que terminan en *-gia, -gio, -gión, -gional, -gionario, -gioso* y *-gírico*.

Ejemplos: ma*gia*, re*gia*, fri*gia*, litur*gia*, liti*gioso*, reli*gión*, re*gional*, le*gionario*, prodi*gioso*, pane*gírico*, egre*gia*, re*gia*, privile*gia*, arpe*gio*, cole*gio*, egre*gio*, privile*gio*, re*gio*, sacrile*gio*.

De esta regla general deriva una regla especial, pues cuando las palabras en lugar de terminar con *-gia*, terminan con *-plejia, -plejía*, es decir, antes de la sílaba *-gia*, está la sílaba *-ple*, se escriben con **j**.

De la misma manera cuando en lugar de terminar en *-gión*, terminan en *-ejión*, es decir, antes de la sílaba *-gión*, está la vocal **e** se escriben con **j**.

6. Escribe con **g** cuando escuches el sonido **velar fricativo sordo** en las palabras que terminan en *-gente* y *-gencia*.

Ejemplos: vi*gente*, exi*gente*, re*gencia*, convergen*te*, emer*gente*, pun*gente*, refrin*gente*, re*gente*, restrin*gente*, tan*gente*, ur*gente*, astrin*gencia*, contin*gencia*, indi*gencia*, indili*gencia*, indul*gencia*.

La palabra majencia es la cualidad de majo, es decir, proviene de la palabra majo que significa una persona que tanto en su porte, como en su acción y en su vestido, tiene un poco de libertad y guapeza, más propia de la gente ordinaria. Por lo que esta palabra se sujeta a la regla principal de que: **los compuestos y derivados creados en nuestra lengua a partir de determinada voz adoptan, en el lugar que les corresponde, las letras de la palabra primitiva.**

7. Escribe **g** cuando escuches el sonido **velar fricativo sordo** en las palabras que terminan en -*ígeno*, -*ígena*, -*ígero*, -*ígera*.

Ejemplos: indí*g*ena, oxí*g*eno, alí*g*era, belí*g*ero, penatí*g*ero, flamí*g*ero, impí*g*ero, pení*g*ero, terrí*g*eno, alwatoní*g*ena, armi*g*era, crucí*g*era, fumí*g*era, impí*g*era, serpentí*g*era, terrí*g*ena.

8. Escribe **g** cuando escuches el sonido velar fricativo sordo en las palabras que terminan en -*logía*, -*gogia* o -*geogía*.

Ejemplos: teolo*g*ía, demago*g*ia, pedago*g*ía, cronolo*g*ía, anago*g*ia, antilo*g*ia, batolo*g*ia, geolo*g*ía, hidrogo*g*ia, icnolo*g*ia, ortolo*g*ia, palilo*g*ia, patolo*g*ía, perisolo*g*ía, taurolo*g*ia, tropolo*g*ia, elo*g*ia. Anfibolo*g*ía, analo*g*ía, apolo*g*ía, astrolo*g*ía, etimolo*g*ía, filolo*g*ía.

9. Escribe **g** cuando escuches el sonido velar fricativo sordo en las palabras que terminan en el elemento compositivo -*algia* que significa dolor.

Ejemplos: neura*lgia*, gastra*lgia*, cefala*lgia*.

10. Escribe **g** cuando escuches el sonido velar fricativo sordo los verbos terminados en -*igerar*, -**g**er y -**g**ir

Ejemplos; mor*igerar*, prote**g**er, fin**g**ir.

Para las conjugaciones de estos verbos se aplica la regla principal de que: **los compuestos y derivados creados en nuestra lengua a partir de determinada voz adoptan, en el lugar que les corresponde, las letras de la palabra primitiva.**

De esta regla principal deriva una regla especial que consiste en los casos que las conjugaciones verbales representan el sonido velar fricativo sordo, delante de las vocales **a**, **o**, **u**, ya que este sonido delante de estas vocales no puede representarse con **g**, sino con **j**; en consecuencia se escribirá **ja**, **jo**, **ju**.

También de la regla principal, deriva otra regla especial, ya que hay verbos que provienen de latín y conservaron en su escritura la forma -**j**er, -**j**ir, en lugar de -**g**er, -**g**ir.

Ejemplos: te**j**er, cru**j**ir.

La **j** únicamente representa el fonema **velar fricativo sordo** que comparte la **g** cuando está antes de las vocales **e**, **i**. Para escribir correctamente la letra **j** antes de las vocales **e, i**, cuando escuches el fonema velar fricativo sordo, existen las siguientes reglas generales o notas orientadoras:

1. Escribe con **j** todas las formas verbales de los infinitivos que terminan en -**j**ar.

Ejemplos: traba**j**e, traba**j**emos (de traba**j**ar); empu**j**e (de empu**j**ar).

Esta regla general es una aplicación de la regla principal de que: **los compuestos y derivados creados en nuestra lengua a partir de determinada voz adoptan, en el lugar que les corresponde, las letras de la palabra primitiva.** En aplicación de esta regla principal, también se escribirán con **j** los pocos verbos que conservan su escritura latina de terminación -**j**er, -**j**ir.

Ejemplos: cru**j**e (de cru**j**ir); te**j**e (de te**j**er).

2. Escribe con **j** las palabras derivadas de voces que tienen **j** ante las vocales *a, o, u*.

Ejemplos: ca**j**ero, ca**j**ita (de ca**j**a); lison**j**ear (de lison**j**a); co**j**ear (de co**j**o); o**j**ear, (de o**j**o); ro**j**ear, ro**j**izo (de ro**j**o).

Esta regla general es una aplicación de la regla principal de que: **los compuestos y derivados creados en nuestra lengua a partir de determinada voz adoptan, en el lugar que les corresponde, las letras de la palabra primitiva.**

3. Escribe con **j** las voces de uso actual que terminan en -*aje*, -*eje*. Ejemplos: coraje, hereje, garaje.

Regla especial, en aplicación a la regla principal de que: **los compuestos y derivados creados en nuestra lengua a partir de determinada voz adoptan, en el lugar que les corresponde, las letras de la palabra primitiva**, las palabras cuya raíz latina se escribe con **g**, conservan la letra **g**.

Ejemplos: ambages, enálage, hipálage.

4. Escribe con **j** las palabras que acaban en -*jería*.

Ejemplos: cerrajería, consejería, extranjería.

5. Escribe con **j** los verbos terminados en -*jear*, así como sus correspondientes formas verbales.

Ejemplos; cajear, homenajear, cojear.

El verbo aspergear debe sustituirse por la forma asperjar que significa rociar.

6. Escribe con **j** los tiempos verbales pretérito perfecto simple del modo indicativo y el pretérito imperfecto y futuro del modo subjuntivo de los verbos **traer**,

decir y sus derivados como **atraer** y **predecir**; así como los tiempos verbales pretérito perfecto simple del modo indicativo, y el pretérito imperfecto y futuro del modo subjuntivo de los verbos terminados en -**ducir**.

El **modo indicativo** expresa el significado independiente y objetivo de una realidad.

Pretérito Perfecto Simple o **Pretérito** significa acciones que sucedieron antes, es decir, en el pasado.

yo *tra**je*** (primera persona del singular)

tú *tra**jiste*** (segunda persona del singular)

él o ella *tra**jo*** (tercera persona del singular)

nosotros *tra**jimos*** (primera persona del plural)

vosotros o ustedes *tra**jisteis**/tra**jeron***(segunda persona del plural)

ellos *tra**jeron*** (tercera persona del plural).

yo *di**je*** (primera persona del singular)

tú *di**jiste*** (segunda persona del singular)

él o ella *di**jo*** (tercera persona del singular)

nosotros *di**jimos*** (primera persona del plural)

vosotros o ustedes *di**jisteis**/di**jeron***(segunda persona del plural)

ellos *di**jeron*** (tercera persona del plural).

El **modo subjuntivo** presenta la acción o pasión como una simple idea, dependiente del pensamiento del que habla.

Pretérito Imperfecto o **Pretérito** significa acciones que sucedieron antes, es decir, en el pasado.

yo *tra**jese*** o *tra**jera*** (primera persona del singular)

tú *tra**jeses*** o *tra**jieras*** (segunda persona del singular)

él o ella *tra**jiese*** o *tra**jiera*** (tercera persona del singular)

nosotros *tra**jiésemos*** o *tra**jiéramos*** (primera persona del plural)

vosotros o ustedes *tra**jieseis*** o *tra**jierais**/tra**jiesen*** o *tra**jieran***(segunda persona del plural)

ellos *tra**jiesen*** o *tra**jieran***(tercera persona del plural).

yo *di**jiese*** o *di**jiera*** (primera persona del singular)

tú *di**jieses*** o *di**jieras*** (segunda persona del singular)

él o ella *di**jiese*** o *di**jiera*** (tercera persona del singular)

nosotros *di**jiésemos*** o *di**jiéramos*** (primera persona del plural) vosotros o ustedes *di***jieseis** o *di***jierais**/*di***jiesen** o *di***jieran**(segunda persona del plural)

ellos *di***jiesen** o *di***jieran**(tercera persona del plural).

Futuro Simple o **Futuro** quiere decir lo que está por venir. Se conjuga en las tres personas singulares y plurales.

yo *tra***jiere** (primera persona del singular)

tú *tra***jieres** (segunda persona del singular)

él o ella *tra***jiere** (tercera persona del singular)

nosotros *tra***jiéremos** (primera persona del plural)

vosotros o ustedes *tra***jiereis**/*tra***jieren**(segunda persona del plural)

ellos *tra***jieren**(tercera persona del plural).

yo *di***jiere** (primera persona del singular)

tú *di***jieres** (segunda persona del singular)

él o ella *di***jiere** (tercera persona del singular)

nosotros *di***jiéremos** (primera persona del plural)

vosotros o ustedes *di***jiereis**/*di***jieren**(segunda persona del plural)

ellos *di***jieren** (tercera persona del plural).

La letra **c** representa dos fonemas: el **velar oclusivo sordo** que también representa la letra **k** y del dígrafo **qu**; y **interdental fricativo sordo** que representa la letra **z**; y parecido al que representa la letra **s** (**alveolar fricativo sordo**).

El primer sonido que representa la letra **c**, es decir, el **velar oclusivo sordo**, sólo es delante de las vocales **a**, **o**, **u**, por tal motivo no existe problema entre esta letra y el díagrafo **qu**, ya que éste representa el fonema **velar oclusivo sordo** ante de las vocales **e**, **i**.

Cuando escuches el fonema **velar oclusivo sordo**, existen las siguientes reglas generales o notas orientadoras:

1. Escribe –**cc**- cuando en alguna palabra de la familia léxica aparezca el grupo –**ct**-.

Ejemplos: adi**cc**ión (por relación con adi**c**to), redu**cc**ión (con redu**c**to), dire**cc**ión (con dire**c**tor).

Esta regla general es una variación de la regla principal de que: **los compuestos y derivados creados en nuestra lengua a partir de determinada voz adoptan, en el lugar que les corresponde, las letras de la palabra primitiva.**

Hay, sin embargo, palabras que se escriben con –**cc**- a pesar de no tener ninguna palabra de su familia léxica con el grupo –**ct**-. Ejemplos: su**cc**ión, coa**cc**ión, confe**cc**ión, fri**cc**ión, etc. Otras muchas palabras de este grupo, que no tienen –c*t*- sino –*t*- en su familia léxica, se escriben con una sola **c**. Ejemplos: dis**c**reción (con discre*t*o), secre**c**ión (con secre*t*o), rela**c**ión (con rela*t*o), etc.

El grupo –**cc**-. En posición final de sílaba ante el sonido **interdental fricativo sordo**, la pronunciación de la letra **c** tiende a perderse en algunas hablas dialectales o descuidadas, confluyendo entonces las terminaciones -**c***ión* y –**cc***ión*, lo que origina errores ortográficos.

2. Escribe con **c** las palabras que tienen el sonido **velar oclusivo sordo** al final de palabra: Ejemplos: fra**c**, viva**c**, cin**c**.

Las palabras amok, anorak, bock, yak, cok, cuark o quak y volapuk, provienen de otras lenguas y conservan su escritura original en aplicación de la regla principal de que: **los compuestos y derivados creados en nuestra lengua a partir de determinada voz adoptan, en el lugar que les corresponde, las letras de la palabra primitiva.**

En efecto,

amok proviene del malayo amok y significa: ataque de locura homicida.

anorak proviene del esquimal a través del francés anorak que significa: chaqueta impermeable, con capucha, usada especialmente por los esquiadores.

bock proviene del alemán bock que significa: jarro de cerveza de un cuarto de litro de capacidad.

yak o **yac** significa bóvido que habita en las altas montañas del Tíbet, notable por las largas lanas que le cubren las patas y la parte inferior del cuerpo. En estado salvaje es de color oscuro; pero entre los domésticos abundan los blancos.

cok o **coque** proviene del inglés coke que significa: combustible sólido, ligero y poroso que resulta de calcinar ciertas clases de carbón mineral

cuark o **quark** proviene del inglés quark que significa: tipo teórico de partículas elementales con las que se forman otras partículas, como son el protón y el neutrón. No hay prueba experimental de su existencia aislada.

volapuk es un compuesto deformado de las voces inglesas world, mundo y speak hablar, que es un idioma inventado en 1879 por el sacerdote alemán Schleye con el propósito de que sirviese como lengua universal.

La letra **z** representa un fonema **interdental fricativo sordo** también representado por la letra **c** y que se parece al que representa la letra **s** (**alveolar fricativo sordo**).

1. Escriben con –zc– la primera persona del singular, es decir, yo, del presente de indicativo y todo el

presente de subjuntivo de los verbos irregulares terminados en -**acer** -**ecer**, -**ocer** y -**ucir**.

Ejemplo: *n***acer***, p***acer***, pl***acer***, ren***acer***, compla-cer***, ren***acer***, rep***acer***, y***acer***.

El **modo indicativo** expresa el significado independiente y objetivo de una realidad.

Presente quiere decir el tiempo en actualmente está uno cuando se refiere a algo. Se conjuga en las tres personas singulares y tres plurales.

yo *nazco* (primera persona del singular)

El **modo subjuntivo** presenta la acción o pasión como una simple idea, dependiente del pensamiento del quién habla.

Presente quiere decir el tiempo en actualmente está uno cuando se refiere a algo. Se conjuga en las tres personas singulares y tres plurales.

yo *nazca* (primera persona del singular)

tú *nazcas* (segunda persona del singular)

él *nazca* (tercera persona del singular)

nosotros *nazcamos* (primera persona del plural)

vosotros o ustedes *nazcáis/nazcan* (segunda persona del plural)

ellos *nazcan* (tercera persona del plural)

El verbo *hacer* y sus derivados no siguen esta tendencia, pues no tiene el sonido formado por los fonemas **interdental fricativo sordo** y **velar oclusivo sordo** representados por: **-zc-** sino el **velar oclusivo sonoro**, representado por: **-g-**.

El **modo indicativo** expresa el significado independiente y objetivo de una realidad.

Presente quiere decir el tiempo en actualmente está uno cuando se refiere a algo. Se conjuga en las tres personas singulares y tres plurales.

yo *hago* (primera persona del singular)

El **modo subjuntivo** presenta la acción o pasión como una simple idea, dependiente del pensamiento del quién habla.

Presente quiere decir el tiempo en actualmente está uno cuando se refiere a algo. Se conjuga en las tres personas singulares y tres plurales.

yo *haga* (primera persona del singular)

tú *hagas* (segunda persona del singular)

él *haga* (tercera persona del singular)

nosotros *hagamos* (primera persona del plural)

vosotros o ustedes *hagáis*/*hagan* (segunda persona del plural)

ellos *hagan* (tercera persona del plural)

Ejemplos: abast**ecer**, aborr**ecer**, acr**ecer**, adole-**cer**, adorm**ecer**, agrad**ecer**, aman**ecer**, amarill**ecer**, amoll**ecer**, anoch**ecer**, apar**ecer**, apet**ecer**, arbole-**cer**, arbor**ecer**, car**ecer**, compar**ecer**, convale**cer**, denegr**ecer**, desagrad**ecer**, desapar**ecer**, desabas-**tecer**, descr**ecer**, desembrav**ecer**, desencar**ecer**, desenmoh**ecer**, desentorp**ecer**, desentum**ecer**, des-fall**ecer**, desenmud**ecer**, desfavor**ecer**, deshumede-**cer**, desmer**ecer**, desobed**ecer**, despar**ecer**, desapa-r**ecer**, desvan**ecer**, embarn**ecer**, embast**ecer**, embe-b**ecer**, embell**ecer**, embermej**ecer**, emblanqu**ecer**, embob**ecer**, embrav**ecer**, empavor**ecer**, emplaste-**cer**, emplum**ecer**, empobr**ecer**, enard**ecer**, encalve-**cer**, encall**ecer**, encand**ecer**, encan**ecer**, encar**ecer**, encarn**ecer**, encrud**ecer**, endent**ecer**, endur**ecer**, enfervor**ecer**, enflaqu**ecer**, enflor**ecer**, enfort**ecer**, enfur**ecer**, engrand**ecer**, enloqu**ecer**, enlustr**ecer**, enmagr**ecer**, enmoh**ecer**, enmoll**ecer**, enmud**ecer**, ennegr**ecer**, ennobl**ecer**, ennud**ecer**, enrar**ecer**, en-riqu**ecer**, enroj**ecer**, enronqu**ecer**, enrud**ecer**, enrui-n**ecer**, ensand**ecer**, ensarn**ecer**, ensoberb**ecer**, en-sord**ecer**, entall**ecer**, entenebr**ecer**, entern**ecer**, en-tont**ecer**, entorp**ecer**, entrist**ecer**, entull**ecer**, entume-**cer**, envan**ecer**, envej**ecer**, enverd**ecer**, envil**ecer**, enzurd**ecer**, escarn**ecer**, esclar**ecer**, establ**ecer**, es-trem**ecer**, favor**ecer**, fen**ecer**, flor**ecer**, fortal**ecer**, guar**ecer**, guarn**ecer**, herb**ecer**, hoj**ecer**, humed**ecer**, lobregu**ecer**, lozan**ecer**, mer**ecer**, moh**ecer**, obede-**cer**, oscur**ecer**, ofr**ecer**, pad**ecer**, par**ecer**, per**ecer**, perman**ecer**, pimpoll**ecer**, preval**ecer** reinfland**ecer**, reconval**ecer**, recr**ecer**, reflor**ecer**, rejuvencer, relen-t**ecer**, reman**ecer**, resiland**ecer**, restabl**ecer**, retallecer, *retoñecer*, *revejecer*, *reverdecer*, *sobrecrecer*, *terrecer*, *verdecer*.

El **modo indicativo** expresa el significado independiente y objetivo de una realidad.

Presente quiere decir el tiempo en actualmente está uno cuando se refiere a algo. Se conjuga en las tres personas singulares y tres plurales.

yo *abastezco* (primera persona del singular)

El **modo subjuntivo** presenta la acción o pasión como una simple idea, dependiente del pensamiento del quién habla.

Presente quiere decir el tiempo en actualmente está uno cuando se refiere a algo. Se conjuga en las tres personas singulares y tres plurales.

yo *abastezca* (primera persona del singular)

tú *abastezcas* (segunda persona del singular)

él *abastezca* (tercera persona del singular)

nosotros *abastezcamos* (primera persona del plural)

vosotros o ustedes *abastezcáis/abastezcan* (segunda persona del plural)

ellos *abastezcan* (tercera persona del plural)

Ejemplos: *reconocer*, *conocer*.

El **modo indicativo** expresa el significado independiente y objetivo de una realidad.

Presente quiere decir el tiempo en actualmente está uno cuando se refiere a algo. Se conjuga en las tres personas singulares y tres plurales.

yo *reconozco* (primera persona del singular)

El **modo subjuntivo** presenta la acción o pasión como una simple idea, dependiente del pensamiento del quién habla.

Presente quiere decir el tiempo en actualmente está uno cuando se refiere a algo. Se conjuga en las tres personas singulares y tres plurales.

yo *reconozca* (primera persona del singular)

tú *reconozcas* (segunda persona del singular)

él *reconozca* (tercera persona del singular)

nosotros *reconozcamos* (primera persona del plural)

vosotros o ustedes *reconozcáis/reconozcan* (segunda persona del plural)

ellos *reconozcan* (tercera persona del plural)

El verbo **cocer** y sus derivados no siguen esta tendencia, pues no tiene el sonido interdental fricativo sordo y velar oclusivo sordo representado por **–zc–** sino el velar oclusivo sordo representado por **–z–**.

El **modo indicativo** expresa el significado independiente y objetivo de una realidad.

Presente quiere decir el tiempo en actualmente está uno cuando se refiere a algo. Se conjuga en las tres personas singulares y tres plurales.

yo **cuezo** (primera persona del singular)

El **modo subjuntivo** presenta la acción o pasión como una simple idea, dependiente del pensamiento del quién habla.

Presente quiere decir el tiempo en actualmente está uno cuando se refiere a algo. Se conjuga en las tres personas singulares y tres plurales.

yo **cueza** (primera persona del singular)

tú **cuezas** (segunda persona del singular)

él **cueza** (tercera persona del singular)

nosotros **cozamos** (primera persona del plural)

vosotros o ustedes **cozáis/cuezan** (segunda persona del plural)

ellos **cuezan** (tercera persona del plural)

(menos cocer y sus derivados)

Ejemplos: *prod**ucir**, ad**ucir**, cond**ucir**, ded**ucir**, desl**ucir**, entrel**ucir**, n**ucir**, prod**ucir**, recond**ucir**, red**ucir**, reprod**ucir**, trad**ucir**.*

El **modo indicativo** expresa el significado independiente y objetivo de una realidad.

Presente quiere decir el tiempo en actualmente está uno cuando se refiere a algo. Se conjuga en las tres personas singulares y tres plurales.

yo *prod**uzco*** (primera persona del singular)

El **modo subjuntivo** presenta la acción o pasión como una simple idea, dependiente del pensamiento del quién habla.

Presente quiere decir el tiempo en actualmente está uno cuando se refiere a algo. Se conjuga en las tres personas singulares y tres plurales.

yo *prod**uzca*** (primera persona del singular)

tú *prod**uzcas*** (segunda persona del singular)

él *prod**uzca*** (tercera persona del singular)

nosotros *prod**uzcamos*** (primera persona del plural)

vosotros o ustedes *prod**uzcáis**/prod**uzcan*** (segunda persona del plural)

ellos *prod**uzcan*** (tercera persona del plural)

2. Escribe **z** al final de las palabras cuyo plural termina en **c**es.

Ejemplos: vejez/vejeces,   luz/luces,   lombriz/lombrices.

Lo anterior obedece a que la letra **c** al final de la palabra siempre representa un el fonema **velar oclusivo sordo**; por lo que para representar el fonema **fricativo intercertal sordo** que representa tanto la letra **c** como la letra **z**, al final de la palabra es necesario recurrir a la letra **z**.

El fonema **bilabial oclusivo sonoro**, está representado por las letras **b**, **v** y **w** en las palabras de origen visigodo o alemán.

Para saber cuando escribir la letra **b** cuando escuchas el sonido **bilabial oclusivo sonoro**, existen las siguientes reglas.

1. Escribe **b** cuando escuches el fonema **bilabial oclusivo sonoro** en los verbos terminados en **-bir**.

Ejemplos: *escribir, recibir, sucumbir, adscribir, apercibir, cocebir, incumbir, prescribir, proscribir.*

En aplicación de la regla principal de que: **los compuestos y derivados creados en nuestra lengua a partir de determinada voz adoptan, en el lugar que les corresponde, las letras de la palabra primitiva.** Todas las formas verbales que tengan el fonema bilabial, frictivo y sonoro de estos verbos los escribirás con **b**.

El **modo indicativo** expresa el significado independiente y objetivo de una realidad. Tiene cinco tiempos, a saber: 1. **Presente**, 2. **Futuro Simple** o **Futuro**, 3. **Pretérito Imperfecto** o **Copretérito**, 4. **Condicional Simple** o **Pospretérito** y 5. **Pretérito Perfecto Simple** o **Pretérito**. Tiempo es la duración de la acción o pasión del verbo.

Presente quiere decir el tiempo en actualmente está uno cuando se refiere a algo. Se conjuga en las tres personas singulares y tres plurales.

yo *escrib***o** (primera persona del singular)

tú *escrib***es** (segunda persona del singular)

él o ella *escrib***e** (tercera persona del singular)

nosotros *escrib***imos** (primera persona del plural)

vosotros o ustedes *escrib***ís**/*escrib***en**(segunda persona del plural)

ellos *escrib***en**(tercera persona del plural).

Futuro Simple o **Futuro** quiere decir lo que está por venir. Se conjuga en las tres personas singulares y tres plurales.

yo *escrib***iré** (primera persona del singular)

tú *escrib***irás** (segunda persona del singular)

él o ella *escrib***irá** (tercera persona del singular)

nosotros *escrib***iremos** (primera persona del plural)

vosotros o ustedes *escribiréis/escribirán*(segunda persona del plural)

ellos *escribirán*(tercera persona del plural).

Pretérito Imperfecto o **Copretérito** indica una acción cuyo principio y fin no se precisa, es decir, la acción comenzó en el pasado, pero no está concluida.

yo *escribía* (primera persona del singular)

tú *escribías* (segunda persona del singular)

él o ella *escribía* (tercera persona del singular)

nosotros *escribíamos* (primera persona del plural)

vosotros o ustedes *escribíais/escribían*(segunda persona del plural)

ellos *escribían*(tercera persona del plural).

Condicional Simple o **Pospretérito** designa acciones que inician en el pasado, pero se prolongan al futuro.

yo *escribiría* (primera persona del singular)

tú *escribirías* (segunda persona del singular)

él o ella *escribiría* (tercera persona del singular)

nosotros *escribiríamos* (primera persona del plural)

vosotros o ustedes *escrib**iríais**/escrib**irían***(segunda persona del plural)

ellos *escrib**irían***(tercera persona del plural).

Pretérito Perfecto Simple o **Pretérito** significa acciones que sucedieron antes, es decir, en el pasado.

yo *escrib**í*** (primera persona del singular)

tú *escrib**iste*** (segunda persona del singular)

él o ella *escrib**ió*** (tercera persona del singular)

nosotros *escrib**imos*** (primera persona del plural)

vosotros o ustedes *escrib**isteis**/escrib**ieron***(segunda persona del plural)

ellos *escrib**ieron***(tercera persona del plural).

El **modo subjuntivo** presenta la acción o pasión como una simple idea, dependiente del pensamiento del que habla. Tiene tres tiempos, a saber: 1. **Presente**, 2. **Pretérito Imperfecto** o **Copretérito**, y 3. **Futuro Simple** o **Futuro**. Tiempo es la duración de la acción o pasión del verbo.

Presente quiere decir el tiempo en actualmente está uno cuando se refiere a algo. Se conjuga en las tres personas singulares y tres plurales.

yo *escrib**a*** (primera persona del singular)

tú *escrib**as*** (segunda persona del singular)

él o ella *escriba* (tercera persona del singular)

nosotros *escriba**mos*** (primera persona del plural)

vosotros o ustedes *escrib**áis**/escrib**an***(segunda persona del plural)

ellos *escrib**an***(tercera persona del plural).

Pretérito Imperfecto o **Pretérito** significa acciones que sucedieron antes, es decir, en el pasado.

yo *escrib**iese*** o *escrib**iera*** (primera persona del singular)

tú *escrib**ieses*** o *escrib**ieras*** (segunda persona del singular)

él o ella *escrib**iese*** o *escrib**iera*** (tercera persona del singular)

nosotros *escrib**iésemos*** o *escrib**iéramos*** (primera persona del plural)

vosotros o ustedes *escrib**ieseis*** o *escrib**ie-rais**/escrib**iesen*** o *escrib**ieran***(segunda persona del plural)

ellos *escrib**iesen*** o *escrib**ieran***(tercera persona del plural).

Futuro Simple o **Futuro** quiere decir lo que está por venir. Se conjuga en las tres personas singulares y plurales.

yo *escrib**iere*** (primera persona del singular)

tú *escribieres* (segunda persona del singular)

él o ella *escribiere* (tercera persona del singular)

nosotros *escribiéremos* (primera persona del plural)

vosotros   o   ustedes   *escribiereis/escribieren*(segunda persona del plural)

ellos *escribieren*(tercera persona del plural).

El **modo imperativo** considera la voluntad de él que habla con relación a que interlocutor ejecute una acción presente. Sólo se conjuga en presente y en segunda persona singular y plural

Presente quiere decir el tiempo en actualmente está uno cuando se refiere a algo. Se conjuga en las tres personas singulares y plurales.

tú *escribe* (segunda persona del singular)

vosotros o ustedes *escribid/escriban*(segunda persona del plural)

Los verbos *hervir, servir, vivir* y sus compuestos, abedecen a la regla principal de que: **los compuestos y derivados creados en nuestra lengua a partir de determinada voz adoptan, en el lugar que les corresponde, las letras de la palabra primitiva.**

hervir proviene del latín *fervere*.

servir proviene del latín *servire*.

vivir proviene del latín *vivere*.

Por esos, estos verbos se escriben con **v** cuando escuchas el fonema bilabial oclusivo sonoro.

2. Escribe con **b** Los verbos terminados en -**b***uir*.

Ejemplos: *contri***buir**, *atri***buir**, *retri***buir**.

En aplicación de la regla principal de que: **los compuestos y derivados creados en nuestra lengua a partir de determinada voz adoptan, en el lugar que les corresponde, las letras de la palabra primitiva.** Todas las formas verbales que tengan el fonema bilabial, frictivo y sonoro de estos verbos los escribirás con **b**.

El **modo indicativo** expresa el significado independiente y objetivo de una realidad. Tiene cinco tiempos, a saber: 1. **Presente**, 2. **Futuro Simple o Futuro**, 3. **Pretérito Imperfecto o Copretérito**, 4. **Condicional Simple o Pospretérito** y 5. **Pretérito Perfecto Simple o Pretérito**. Tiempo es la duración de la acción o pasión del verbo.

Presente quiere decir el tiempo en actualmente está uno cuando se refiere a algo. Se conjuga en las tres personas singulares y tres plurales.

yo *contri***buyo** (primera persona del singular)

tú *contri***buyes** (segunda persona del singular)

él o ella *contribu**ye*** (tercera persona del singular)

nosotros *contribu**imos*** (primera persona del plural)

vosotros o ustedes *contri-buís/contribu**yen***(segunda persona del plural)

ellos *contribu**yen***(tercera persona del plural).

Futuro Simple o **Futuro** quiere decir lo que está por venir. Se conjuga en las tres personas singulares y tres plurales.

yo *contribu**iré*** (primera persona del singular)

tú *contribu**irás*** (segunda persona del singular)

él o ella *contribu**irá*** (tercera persona del singular)

nosotros *contribu**iremos*** (primera persona del plural)

vosotros o ustedes *contribui-**réis**/contribu**irán***(segunda persona del plural)

ellos *contribu**irán***(tercera persona del plural).

Pretérito Imperfecto o **Copretérito** indica una acción cuyo principio y fin no se precisa, es decir, la acción comenzó en el pasado, pero no está concluida.

yo *contribu**ía*** (primera persona del singular)

tú *contribu**ías*** (segunda persona del singular)

él o ella *contribuía* (tercera persona del singular)

nosotros *contribuíamos* (primera persona del plural)

vosotros o ustedes *contribuíais*/*contribuían*(segunda persona del plural)

ellos *contribuían*(tercera persona del plural).

Condicional Simple o **Pospretérito** designa acciones que inician en el pasado, pero se prolongan al futuro.

yo *contribuiría* (primera persona del singular)

tú *contribuirías* (segunda persona del singular)

él o ella *contribuiría* (tercera persona del singular)

nosotros *contribuiríamos* (primera persona del plural)

vosotros o ustedes *contribuiríais*/*contribuirían* (segunda persona del plural)

ellos *contribuirían*(tercera persona del plural).

Pretérito Perfecto Simple o **Pretérito** significa acciones que sucedieron antes, es decir, en el pasado.

yo *contribuí* (primera persona del singular)

tú *contribuiste* (segunda persona del singular)

él o ella *contribuyó* (tercera persona del singular)

nosotros *contribu***imos** (primera persona del plural)

vosotros o ustedes *contribu***isteis**/*contribu***yeron** (segunda persona del plural)

ellos *contribu***yeron**(tercera persona del plural).

El **modo subjuntivo** presenta la acción o pasión como una simple idea, dependiente del pensamiento del que habla. Tiene tres tiempos, a saber: 1. **Presente**, 2. **Pretérito Imperfecto** o **Copretérito**, y 3. **Futuro Simple** o **Futuro**. Tiempo es la duración de la acción o pasión del verbo.

Presente quiere decir el tiempo en actualmente está uno cuando se refiere a algo. Se conjuga en las tres personas singulares y tres plurales.

yo *contribu***ya** (primera persona del singular)

tú *contribu***yas** (segunda persona del singular)

él o ella *contribu***ya** (tercera persona del singular)

nosotros *contribu***yamos** (primera persona del plural)

vosotros o ustedes *contribu-***yáis**/*contribu***yan**(segunda persona del plural)

ellos *contribu***yan**(tercera persona del plural).

Pretérito Imperfecto o **Pretérito** significa acciones que sucedieron antes, es decir, en el pasado.

yo *contribuyese* o *contribuyera* (primera persona del singular)

tú *contribuyeses* o *contribuyeras* (segunda persona del singular)

él o ella *contribuyese* o *contribuyera* (tercera persona del singular)

nosotros *contribuyésemos* o *contribuyéramos* (primera persona del plural)

vosotros o ustedes *contribuyeseis* o *contribuyerais*/*contribuyesen* o *contribuyeran*(segunda persona del plural)

ellos *contribuyesen* o *contribuyeran*(tercera persona del plural).

Futuro Simple o **Futuro** quiere decir lo que está por venir. Se conjuga en las tres personas singulares y plurales.

yo *contribuyere* (primera persona del singular)

tú *contribuyeres* (segunda persona del singular)

él o ella *contribuyere* (tercera persona del singular)

nosotros *contribuyéremos* (primera persona del plural)

vosotros o ustedes *contribuyereis*/*contribuyeren* (segunda persona del plural) ellos *contribuyeren* (tercera persona del plural).

El **modo imperativo** considera la voluntad de él que habla con relación a que interlocutor ejecute una acción presente. Sólo se conjuga en presente y en segunda persona singular y plural

Presente quiere decir el tiempo en actualmente está uno cuando se refiere a algo. Se conjuga en las tres personas singulares y plurales.

tú *contribuye* (segunda persona del singular)

vosotros o ustedes *contribuid/contribuyan* (segunda persona del plural)

3. Escribe con **b** los verbos *de**ber**, be**ber**, ca**ber**, sa**ber** y ha**ber**.

En aplicación de la regla principal de que: **los compuestos y derivados creados en nuestra lengua a partir de determinada voz adoptan, en el lugar que les corresponde, las letras de la palabra primitiva.** Todas las formas verbales que tengan el fonema bilabial oclusivo sonoro de estos verbos los escribirás con **b**.

El **modo indicativo** expresa el significado independiente y objetivo de una realidad. Tiene cinco tiempos, a saber: 1. **Presente**, 2. **Futuro Simple** o **Futuro**, 3. **Pretérito Imperfecto** o **Copretérito**, 4. **Condicional Simple** o **Pospretérito** y 5. **Pretérito Perfecto Simple** o **Pretérito**. Tiempo es la duración de la acción o pasión del verbo.

Presente quiere decir el tiempo en actualmente está uno cuando se refiere a algo. Se conjuga en las tres personas singulares y tres plurales.

yo *deb**o*** (primera persona del singular)

tú *deb**es*** (segunda persona del singular)

él o ella *deb**e*** (tercera persona del singular)

nosotros *deb**emos*** (primera persona del plural)

vosotros o ustedes *deb**éis**/deb**en*** (segunda persona del plural)

ellos *deb**en*** (tercera persona del plural).

Futuro Simple o **Futuro** quiere decir lo que está por venir. Se conjuga en las tres personas singulares y tres plurales.

yo *deb**eré*** (primera persona del singular)

tú *deb**erás*** (segunda persona del singular)

él o ella *deb**erá*** (tercera persona del singular)

nosotros *deb**eremos*** (primera persona del plural)

vosotros o ustedes *deb**eréis**/deb**erán*** (segunda persona del plural)

ellos *deb**erán*** (tercera persona del plural).

Pretérito Imperfecto o **Copretérito** indica una acción cuyo principio y fin no se precisa, es decir, la acción comenzó en el pasado, pero no está concluida.

yo *debía* (primera persona del singular)

tú *debías* (segunda persona del singular)

él o ella *debía* (tercera persona del singular)

nosotros *debíamos* (primera persona del plural)

vosotros o ustedes *debíais/debían*(segunda persona del plural)

ellos *debían*(tercera persona del plural).

Condicional Simple o **Pospretérito** designa acciones que inician en el pasado, pero se prolongan al futuro.

yo *debería* (primera persona del singular)

tú *deberías* (segunda persona del singular)

él o ella *debería* (tercera persona del singular)

nosotros *deberíamos* (primera persona del plural)

vosotros o ustedes *deberíais/deberían*(segunda persona del plural)

ellos *deberían*(tercera persona del plural).

Pretérito Perfecto Simple o **Pretérito** significa acciones que sucedieron antes, es decir, en el pasado.

yo *debí* (primera persona del singular)

tú *debiste* (segunda persona del singular)

él o ella *debió* (tercera persona del singular)

nosotros *debimos* (primera persona del plural)

vosotros o ustedes *debisteis/debieron*(segunda persona del plural)

ellos *debieron*(tercera persona del plural).

El **modo subjuntivo** presenta la acción o pasión como una simple idea, dependiente del pensamiento del que habla. Tiene tres tiempos, a saber: 1. **Presente**, 2. **Pretérito Imperfecto** o **Copretérito**, y 3. **Futuro Simple** o **Futuro**. Tiempo es la duración de la acción o pasión del verbo.

Presente quiere decir el tiempo en actualmente está uno cuando se refiere a algo. Se conjuga en las tres personas singulares y tres plurales.

yo *deba* (primera persona del singular)

tú *debas* (segunda persona del singular)

él o ella *deba* (tercera persona del singular)

nosotros *debamos* (primera persona del plural)

vosotros o ustedes *debáis/deban*(segunda persona del plural)

ellos *deban*(tercera persona del plural).

Pretérito Imperfecto o **Pretérito** significa acciones que sucedieron antes, es decir, en el pasado.

yo *debiese* o *debiera* (primera persona del singular)

tú *debieses* o *debieras* (segunda persona del singular)

él o ella *debiese* o *debiera* (tercera persona del singular)

nosotros *debiésemos* o *debiéramos* (primera persona del plural)

vosotros o ustedes *debieseis* o *debierais/debiesen* o *debieran*(segunda persona del plural)

ellos *debiesen* o *debieran*(tercera persona del plural).

Futuro Simple o **Futuro** quiere decir lo que está por venir. Se conjuga en las tres personas singulares y plurales.

yo *debiere* (primera persona del singular)

tú *debieres* (segunda persona del singular)

él o ella *debiere* (tercera persona del singular)

nosotros *debiéremos* (primera persona del plural)

vosotros o ustedes *debiereis/debieren*(segunda persona del plural) ellos *debieren*(tercera persona del plural).

El **modo imperativo** considera la voluntad de él que habla con relación a que interlocutor ejecute una acción presente. Sólo se conjuga en presente y en segunda persona singular y plural

Presente quiere decir el tiempo en actualmente está uno cuando se refiere a algo. Se conjuga en las tres personas singulares y plurales.

tú *debe* (segunda persona del singular)

vosotros o ustedes *debed/deban*(segunda persona del plural)

4. Escribe con **b** las terminaciones -*aba*, -*abas*, -*ábamos*, -*abais*, -*aban* del pretérito imperfecto de indicativo (copretérito, en la terminología de Andrés Bello) de los verbos de la primera conjugación.

Ejemplos: *cantar*, *bajar*, *amar*.

El **modo indicativo** expresa el significado independiente y objetivo de una realidad. Tiene cinco tiempos, a saber: 1. **Presente**, 2. **Futuro Simple o Futuro**, 3. **Pretérito Imperfecto o Copretérito**, 4. **Condicional Simple o Pospretérito** y 5. **Pretérito Perfecto Simple o Pretérito**. Tiempo es la duración de la acción o pasión del verbo.

Pretérito Imperfecto o Copretérito indica una acción cuyo principio y fin no se precisa, es decir, la acción comenzó en el pasado, pero no está concluida.

yo *amaba* (primera persona del singular)

tú *amabas* (segunda persona del singular)

él o ella *amaba* (tercera persona del singular)

nosotros *amábamos* (primera persona del plural)

vosotros o ustedes *amabais/amaban*(segunda persona del plural)

ellos *amaban*(tercera persona del plural).

5. Escribe con **b** el pretérito imperfecto de indicativo de ir: ibas, etc.

El **modo indicativo** expresa el significado independiente y objetivo de una realidad.

Pretérito Imperfecto o **Copretérito** indica una acción cuyo principio y fin no se precisa, es decir, la acción comenzó en el pasado, pero no está concluida.

yo *iba* (primera persona del singular)

tú *ibas* (segunda persona del singular)

él o ella *iba* (tercera persona del singular)

nosotros *íbamos* (primera persona del plural)

vosotros o ustedes *ibais/iban*(segunda persona del plural)

ellos *iban*(tercera persona del plural).

6. Escribe con **b** las palabras que empiezan con el elemento compositivo **b**i*blio*- ('libro') o por las sílabas **b**u- y **b**u*s*-.

Ejemplos: **biblio**teca, **bu**la, **bur**la, **bu**scar.

La palabra vudú y sus derivados, al ser de origen africano, obedece a la regla principal de que: **los compuestos y derivados creados en nuestra lengua a partir de determinada voz adoptan, en el lugar que les corresponde, las letras de la palabra primitiva.**

7. Escribe con **b** las palabras que empiezan por el elemento compositivo **b**i-, **b**is-, **b**iz- ('dos' o 'dos veces').

Ejemplos: **bi**polar, **bis**nieto, **biz**cocho.

8. Escribe con **b** las palabras que tengan el elemento compositivo **b**io-, -**b**io, (del griego βιλό y no del latín *vita*, ambas raices significan vida).

Ejemplos: **bio**grafía, **bio**sfera, anaero**bio**, micro**bio**.

9. Escribe con **b** las palabras compuestas cuyo primer elemento es **b**ien o su forma latina **b**ene.

Ejemplos: **bien**aventurado, **bien**venido, **bene**plácito.

10. Escribe con **b** todas las palabras en que el fonema **bilabial oclusivo sonoro** precede a otra consonante o está en final de palabra.

Ejemplos: a**b**dicación, a**b**negación, a**b**solver, o**b**tener, o**b**vio, su**b**venir, ama**b**le, **b**razo, ro**b**, naba**b**.

La palabra ovni fue formada por las siglas de las palabras **O**bjeto, **V**olador, **N**o **I**ndentificado, por eso no se sujeta a esta regla.

11. Escribe **b** en las palabras o**b**scuro, su**b**scribir, su**b**stancia, su**b**stitución, su**b**straer, así como sus compuestos y derivados, el grupo **bs**- se simplifica en **s**.

Ejemplos: su**s**tancia, su**s**tantivo, o**s**curo.

12. Escribe **b** en las palabras acabadas en -**b**ilidad.

Ejemplos: *ama**bilidad**, ha**bilidad**, posi**bilidad**, alte-ra**bilidad**, amiga**bilidad**, apaci**bilidad**, compatibili-dad, comprensi**bilidad**, corregi**bilidad**, deleita**bilidad**, descapaci**bilidad**, estima**bilidad**, flexi**bilidad**, fluxibili-dad, horri**bilidad**, igno**bilidad**, impenetra**bilidad**, im-pasi**bilidad**, imputa**bilidad**, inaccesa**bilidad**, inaltera-**bilidad**, incompati**bilidad**, incomprensi**bilidad**, inco-munica**bilidad**, inconmensura**bilidad**, incorregibili-dad, incorrupti**bilidad**, incomunica**bilidad**, inconmen-sura**bilidad**, incorregi**bilidad**, incorrupti**bilidad**, indiso-lu**bilidad**, indivisi**bilidad**, inefa**bilidad**, inflexi**bilidad**, inha**bilidad**, inmo**bilidad**, inmuta**bilidad**, insaciabili-dad, insensi**bilidad**, insocia**bilidad**, insta**bilidad**, inva-ria**bilidad**, invisi**bilidad**, irrevoca**bilidad**, irrita**bilidad**, muta**bilidad**, penetra**bilidad**, raciona**bilidad**, pene-tra**bilidad**, placi**bilidad**, plausi**bilidad**, posi**bilidad**, ra-ciona**bilidad**, responsa**bilidad**, risi**bilidad**, sensi**bilidad**, socia**bilidad**, terri**bilidad**, volu**bilidad**.*

Las palabras movilidad, civilidad y sus compues-tos, obedecen la regla principal de que: **los com-puestos y derivados creados en nuestra lengua a partir de determinada voz adoptan, en el lugar que les corresponde, las letras de la palabra primitiva**, pues provienen de civil y mover.

13. Escribe con **b** las palabras acabadas en -**b**undo y -**b**unda.

Ejemplos: treme**bundo**, vaga**bundo**, a**bunda**. Mo-ri**bundo**, a**bundo**, cogita**bundo**, a**bundo**, erra**bundo**, furi**bundo**.

1. Escribe con **v** las palabras en las que las sílabas **ad-**, **sub-** y **ob-** proceden al fonema **bilabial oclusivo sonoro**.

Ejemplos: **ad**v*iento*, **sub**v*ención*, **ob**v*io*.

2. Escribe con **v** las palabras que empiezan por **eva-**, **eve-**, **evi-**, y **evo-**.

Ejemplos: **eva**s*ión*, **eve**n*tual*, **evi**t*ar*, **evo**l*ución*.

La palabra ébano y sus derivados, ebionita, ebonita y eborario, obedecen la regla principal de que: **los compuestos y derivados creados en nuestra lengua a partir de determinada voz adoptan, en el lugar que les corresponde, las letras de la palabra primitiva**, pues provienen del latín *ebenus*.

3. Escribe con **v** las palabras que empiezan por el elemento compositivo **vice-**, **viz-** o **vi-** ('en lugar de'). Que es diferente al bi- que significa dos veces.

Ejemplos: **vice**a*lmirante*, **viz**c*onde*, **vi**r*rey*, **vi**b*risas*, **vi**c*ario*, **vice**c*anciller*, **vice**c*onsul*, **vice**c*risto*, **vice**d*iós*, **vice**g*erencia*, **vice**g*obernador*, **vice**p*residencia*, **vi**c*eprovincia*, **vice**r*rector*, **vice**s*ecretaría*, **vice**t*esorero*, **viz**c*ondado*.

4. Escribe con **v** los adjetivos llanos terminados en -**avo**, -**ava**, -**evo**, -**eva**, -**eve**, -**ivo**, -**iva**.

Los **adjetivos** son palabras que dicen cualidades o accidentes de los sustantivos, es decir, dicen atributos de los sustantivos. Por lo que pueden variar igual que los sustantivos, es decir, en genero (masculino y femenino), en número (singular y plural), en relación con el tamaño o forma (aumentativos o diminutivos) o despectivos cuando menosprecian o ridiculizan.

Ejemplos: escl**avo**, oct**ava**, long**evo**, nu**eva**, ale**ve**, decis**iva**, act**ivo**.

Las palabras suabo y mancebo, aun cuando son adjetivos, obedecen la regla principal de que: **los compuestos y derivados creados en nuestra lengua a partir de determinada voz adoptan, en el lugar que les corresponde, las letras de la palabra primitiva**, pues provienen de Suabia y mancebez, respectivamente.

5. Escribe con **v** las voces llanas de uso general terminadas en -**viro**, -**vira**, como *decen***viro**, *El***vira**, *triun***viro**, y las esdrújulas terminadas en -**ívoro**, -**ívora**, (del latín *vorare* que significa comer) como *carn***ívora**, *herb***ívoro**, *insect***ívoro**, *omn***ívoro**, *frug***ívoro**.

La palabra víbora obedece la regla principal de que: **los compuestos y derivados creados en nuestra lengua a partir de determinada voz adoptan, en el lugar que les corresponde, las letras de la palabra**

primitiva porque provienen del latín *vipera* y no del latín *vorare*.

6. Escribe con **v** los verbos acabados en **-olver**.

Ejemplos: *ab***solver**, *di***solver**, *v***olver**, *desen***volver**, *de***volver**, *entre***volver**, *en***volver**, *re***solver**, *re***volver**, *s***olver**.

7. Escribe con **v**, los presentes de indicativo, imperativo y subjuntivo del verbo **ir**.

El **modo indicativo** expresa el significado independiente y objetivo de una realidad.

Presente quiere decir el tiempo en actualmente está uno cuando se refiere a algo. Se conjuga en las tres personas singulares y tres plurales.

yo *v***oy** (primera persona del singular)

tú *v***as** (segunda persona del singular)

él o ella *v***a** (tercera persona del singular)

nosotros *v***amos** (primera persona del plural)

vosotros o ustedes *v***ais**/*v***an**(segunda persona del plural)

ellos *v***an**(tercera persona del plural).

El **modo subjuntivo** presenta la acción o pasión como una simple idea, dependiente del pensamiento del que habla.

Presente quiere decir el tiempo en actualmente está uno cuando se refiere a algo. Se conjuga en las tres personas singulares y tres plurales.

yo *vaya* (primera persona del singular)

tú *vayas* (segunda persona del singular)

él o ella *vaya* (tercera persona del singular)

nosotros *vayamos* (primera persona del plural)

vosotros o ustedes *vayáis/vayan*(segunda persona del plural)

ellos *vayan*(tercera persona del plural).

El **modo imperativo** considera la voluntad de él que habla con relación a que interlocutor ejecute una acción presente. Sólo se conjuga en presente y en segunda persona singular y plural

Presente quiere decir el tiempo en actualmente está uno cuando se refiere a algo.

tú **ve** (segunda persona del singular)

vosotros o ustedes **id**/*vayan*(segunda persona del plural)

8. Escribe con **v** el pretérito perfecto simple indicativo (o pretérito, según Bello) y el pretérito imperfecto (pretérito) y futuro del subjuntivo de los verbos *estar, andar, tener* y sus compuestos como *desandar, retener, mantener, contener* y *sostener*.

El **modo indicativo** expresa el significado independiente y objetivo de una realidad.

Pretérito Perfecto Simple o **Pretérito** significa acciones que sucedieron antes, es decir, en el pasado.

yo *estuve* (primera persona del singular)

tú *estuviste* (segunda persona del singular)

él o ella *estuvo* (tercera persona del singular)

nosotros *estuvimos* (primera persona del plural)

vosotros o ustedes *estuvisteis/estuvieron*(segunda persona del plural)

ellos *estuvieron*(tercera persona del plural).

yo *tuve* (primera persona del singular)

tú *tuviste* (segunda persona del singular)

él o ella *tuvo* (tercera persona del singular)

nosotros *tuvimos* (primera persona del plural)

vosotros o ustedes *tuvisteis/tuvieron*(segunda persona del plural)

ellos *tuvieron*(tercera persona del plural).

El **modo subjuntivo** presenta la acción o pasión como una simple idea, dependiente del pensamiento del que habla.

Pretérito Imperfecto o **Pretérito** significa acciones que sucedieron antes, es decir, en el pasado.

yo *estuviese* o *estuviera* (primera persona del singular)

tú *estuvieses* o *estuvieras* (segunda persona del singular)

él o ella *estuviese* o *estuviera* (tercera persona del singular)

nosotros *estuviesemos* o *estuvieramos* (primera persona del plural)

vosotros o ustedes *estuvieseis* o *estuvierais*/*estuviesen* o *estuvieran* (segunda persona del plural)

ellos *estuviesen* o *estuvieran*(tercera persona del plural).

yo *tuviese* o *tuviera* (primera persona del singular)

tú *tuvieses* o *tuvieras* (segunda persona del singular)

él o ella *tuviese* o *tuviera* (tercera persona del singular) nosotros *tuviésemos* o *tuviéramos* (primera persona del plural)

vosotros o ustedes *tuvieseis* o *tuvierais*/*tuviesen* o *tuvieran*(segunda persona del plural)

ellos *tuviesen* o *tuvieran*(tercera persona del plural).

Futuro Simple o **Futuro** quiere decir lo que está por venir. Se conjuga en las tres personas singulares y plurales.

yo *estuviere* (primera persona del singular)

tú *estuvieres* (segunda persona del singular)

él o ella *estuviere* (tercera persona del singular)

nosotros *estuviéremos* (primera persona del plural)

vosotros o ustedes *estuviereis*/*estuvieren*(segunda persona del plural)

ellos *estuvieren*(tercera persona del plural).

yo *tuviere* (primera persona del singular)

tú *tuvieres* (segunda persona del singular)

él o ella *tuviere* (tercera persona del singular)

nosotros *tuviéremos* (primera persona del plural)

vosotros o ustedes *tuviereis*/*tuvieren*(segunda persona del plural) ellos *tuvieren*(tercera persona del plural).

La **x** tiene un sonido equivalente a dos fonemas primero el sonido **interdental fricativo sordo** y después el **alveolar fricativo sordo**, es decir, los sonidos que representan las letras **ks** o tambien puede representar el fonema **velar fricativo sordo** y despues el **alveolar fricativo sordo**, es decir, los sonidos que representan las letras **gs**.

Para saber cuando escribir **x** en lugar de dos letras están las siguientes notas orientadoras.

1. Escribe con **x** las palabras que empiezan por los elementos compositivos **x**eno- ('extranjero'), **x**ero- ('seco, árido') y **x**ilo- ('madera').

En el diccionario encontrarás la siguiente palabras que obedecen a esta regla: **x**enofobia, **x**enofobo, **x**eno, **x**erocopia, **x**erocopiar, **x**erófilo, **x**erofítico, **x**erófito, **x**eroftalmia o **x**eroftalmía, **x**erografía, **x**erografiar, **x**erográfico, **x**erógrafo, **x**ilófago, **x**ilófano, **x**ilografía, **x**ilográfico, **x**ilografo **x**iloprotector, **x**ilórgano, **x**ilotila.

Como se trata de tres prefijos, puedes crear más palabras con ellos, ya que esta regla constituye una aplicación de la regla principal de que: **los compuestos y derivados creados en nuestra lengua a partir de**

determinada voz adoptan, en el lugar que les corresponde, las letras de la palabra primitiva.

2. Escribe con **x** las palabras que empiezan por la sílaba ex- seguida del grupo –pr-.

En el diccionario encontrarás las siguiente palabras que siguen esta regla: expresar, exprimir, exprés, expresamente, expresión, expresionista, expresivamente, expresividad, expresivo, expreso, exprimidera, exprimidor, exprimir, expropiación, expropiador, expropiar.

3. Escribe con **x** muchas palabras que empiezan por la sílaba ex- seguida del grupo –pl-.

En el diccionario encontrarás las siguientes palabras que obedecen esta regla.

Ejemplos: explaniación, explanada, explanar, explayada, explicar, explotar, explayar, expletivo, explicable, explicablemente, explicación, explicaderas, explicador, expllicativo, éxplicit, expllicitamente, explicitar, explícito, explicitud, explicotearse, explicitud, explicotearse, explicoteo, explique, explorable, exploración, explorador, explorar, exploratorio, explosión, explosionar, explosivo, explotable, explotación, explotador, explotar, exployada.

De esta regla deriva una regla especial, ya que hay palabra que en sus raices latinas tienen **s** por lo que la conservan y se escriben esplendor y sus derivados, así como espliego, esplín, esplenio, esplénico y otras voces. Esta regla especial constituye una aplicación de la regla principal de que: **los compuestos y derivados creados en nuestra lengua a partir de determinada voz adoptan, en el lugar que les corresponde, las letras de la palabra primitiva.**

4. Escribe con **x** las palabras que empiezan por los prefijos *ex-* ('fuera, más allá' o 'privación') y *extra-* ('fuera de').

La letra **h** no representa ningún fonema.

1. Escribe con **h** las formas de los verbos *hallar, hablar, habitar, haber, hacer.*

Los **modos impersonales** del verbo o formas no personales, se llaman así, porque la acción o pasión del verbo se encuentra dicha sin indicar las personas o persona que realiza la acción. Los modos no personales del verbo son tres, a saber: el **infinitivo**, el **gerundio** y el **participio**.

El **infinitivo** es el nombre del verbo, es decir, la acción o pasión en abstracto, sin referirse a ninguna persona o a ningún tiempo.

hallar, hablar, habitar, haber, hacer.

El **gerundio** es la acción o pasión del verbo en ejecución, sin que nos indique que persona o personas la están realizando, ni en que tiempo. Por ese motivo, los gerundios normalmente hacen la función de un adverbio, es decir complementan el significado de otro verbo, del cual toman a la persona y el tiempo.

hall**ando**, hab**lando**, hab**itando**, hab**iendo**, hac**iendo**.

El **participio** designa la acción del verbo cuando se realizó. Por este motivo, los participios hacen las funciones de sustantivos o adjetivos, es decir, designan las acciones o pasiones de los verbos como si tuvieran una existencia real, independiente e individual o dicen cualidades o accidentes, es decir, atributos de las personas, cosas o acciones.

hall**ado**, hab**lado**, hab**itado**, hab**ido**, he**cho**.

Los verbos **hal**l**ar**, hab**lar**, hab**itar**, son regulares y se conjugan de la siguiente manera:

El **modo indicativo** expresa el significado independiente y objetivo de una realidad. Tiene cinco tiempos, a saber: 1. **Presente**, 2. **Futuro Simple** o **Futuro**, 3. **Pretérito Imperfecto** o **Copretérito**, 4. **Condicional Simple** o **Pospretérito** y 5. **Pretérito Perfecto Simple** o **Pretérito**. Tiempo es la duración de la acción o pasión del verbo.

Presente quiere decir el tiempo en actualmente está uno cuando se refiere a algo. Se conjuga en las tres personas singulares y tres plurales.

yo **hallo** (primera persona del singular)

tú **hallas** (segunda persona del singular)

él o ella **halla** (tercera persona del singular)

nosotros **hallamos** (primera persona del plural)

vosotros o ustedes **halláis/hallan**(segunda persona del plural)

ellos **hallan**(tercera persona del plural).

Futuro Simple o **Futuro** quiere decir lo que está por venir. Se conjuga en las tres personas singulares y tres plurales.

yo **hallaré** (primera persona del singular)

tú **hallarás** (segunda persona del singular)

él o ella **hallará** (tercera persona del singular)

nosotros **hallaremos** (primera persona del plural)

vosotros o ustedes **hallaréis/hallarán**(segunda persona del plural)

ellos **hallarán**(tercera persona del plural).

Pretérito Imperfecto o **Copretérito** indica una acción cuyo principio y fin no se precisa, es decir, la acción comenzó en el pasado, pero no está concluida.

yo **hall**aba (primera persona del singular)

tú **hall**abas (segunda persona del singular)

él o ella **hall**aba (tercera persona del singular)

nosotros **hall**ábamos (primera persona del plural)

vosotros o ustedes **hall**abais/**hall**aban(segunda persona del plural)

ellos **hall**aban(tercera persona del plural).

Condicional Simple o **Pospretérito** designa acciones que inician en el pasado, pero se prolongan al futuro.

yo **hall**aría (primera persona del singular)

tú **hall**arías (segunda persona del singular)

él o ella **hall**aría (tercera persona del singular)

nosotros **hall**aríamos (primera persona del plural)

vosotros o ustedes **hall**aríais/**hall**arían(segunda persona del plural)

ellos **hall**arían(tercera persona del plural).

Pretérito Perfecto Simple o **Pretérito** significa acciones que sucedieron antes, es decir, en el pasado.

yo **hall**é (primera persona del singular)

tú **hall**aste (segunda persona del singular)

él o ella **hall**ó (tercera persona del singular)

nosotros **hall**amos (primera persona del plural)

vosotros o ustedes **hall**asteis/**hall**aron(segunda persona del plural)

ellos **hall**aron(tercera persona del plural).

El **modo subjuntivo** presenta la acción o pasión como una simple idea, dependiente del pensamiento del que habla. Tiene tres tiempos, a saber: 1. **Presente**, 2. **Pretérito Imperfecto** o **Copretérito**, y 3. **Futuro Simple** o **Futuro**. Tiempo es la duración de la acción o pasión del verbo.

Presente quiere decir el tiempo en actualmente está uno cuando se refiere a algo. Se conjuga en las tres personas singulares y tres plurales.

yo **hall**é (primera persona del singular)

tú **hall**es (segunda persona del singular)

él o ella **hall**e (tercera persona del singular)

nosotros **hall**emos (primera persona del plural)

vosotros o ustedes **hall**éis/**hall**en(segunda persona del plural)

ellos **hall**en(tercera persona del plural).

Pretérito Imperfecto o **Pretérito** significa acciones que sucedieron antes, es decir, en el pasado.

yo **hallase** o **hallara** (primera persona del singular)

tú **hallases** o **hallaras** (segunda persona del singular)

él o ella **hallase** o **hallara** (tercera persona del singular)

nosotros **hallásemos** o **halláramos** (primera persona del plural)

vosotros o ustedes **hallaseis** o **hallarais/hallasen** o **hallaran** (segunda persona del plural)

ellos **hallasen** o **hallaran**(tercera persona del plural).

Futuro Simple o **Futuro** quiere decir lo que está por venir. Se conjuga en las tres personas singulares y plurales.

yo **hallare** (primera persona del singular)

tú **hallares** (segunda persona del singular)

él o ella **hallare** (tercera persona del singular)

nosotros **halláremos** (primera persona del plural)

vosotros o ustedes **hallareis/hallaren**(segunda persona del plural)

ellos **hallaren**(tercera persona del plural).

El **modo imperativo** considera la voluntad de él que habla con relación a que interlocutor ejecute una acción presente. Sólo se conjuga en presente y en segunda persona singular y plural

Presente quiere decir el tiempo en actualmente está uno cuando se refiere a algo. Se conjuga en las tres personas singulares y plurales.

tú **halla** (segunda persona del singular)

vosotros o ustedes **hallad/hallen**(segunda persona del plural)

Los verbos **hacer, haber**, son irregulares y se conjugan de la siguiente manera:

El verbo **hacer** es irregular y se conjuga de la siguiente manera:

El **modo indicativo** expresa el significado independiente y objetivo de una realidad. Tiene cinco tiempos, a saber: 1. **Presente**, 2. **Futuro Simple** o **Futuro**, 3. **Pretérito Imperfecto** o **Copretérito**, 4. **Condicional Simple** o **Pospretérito** y 5. **Pretérito Perfecto Simple** o **Pretérito**. Tiempo es la duración de la acción o pasión del verbo.

Presente quiere decir el tiempo en actualmente está uno cuando se refiere a algo. Se conjuga en las tres personas singulares y tres plurales.

yo **hago** (primera persona del singular)

tú **haces** (segunda persona del singular)

él o ella **hace** (tercera persona del singular)

nosotros **hacemos** (primera persona del plural)

vosotros o ustedes **hacéis/hacen**(segunda persona del plural)

ellos **hacen**(tercera persona del plural).

Futuro Simple o **Futuro** quiere decir lo que está por venir. Se conjuga en las tres personas singulares y tres plurales.

yo **haré** (primera persona del singular)

tú **harás** (segunda persona del singular)

él o ella **hará** (tercera persona del singular)

nosotros **haremos** (primera persona del plural)

vosotros o ustedes **haréis/harán**(segunda persona del plural)

ellos **harán**(tercera persona del plural).

Pretérito Imperfecto o **Copretérito** indica una acción cuyo principio y fin no se precisa, es decir, la acción comenzó en el pasado, pero no está concluida.

yo **hacía** (primera persona del singular)

tú **hacías** (segunda persona del singular)

él o ella **hacía** (tercera persona del singular)

nosotros **hacíamos** (primera persona del plural)

vosotros o ustedes **hacíais/hacían**(segunda persona del plural)

ellos **hacían**(tercera persona del plural).

Condicional Simple o **Pospretérito** designa acciones que inician en el pasado, pero se prolongan al futuro.

yo **haría** (primera persona del singular)

tú **harías** (segunda persona del singular)

él o ella **haría** (tercera persona del singular)

nosotros **haríamos** (primera persona del plural)

vosotros o ustedes **haríais/harían**(segunda persona del plural)

ellos **harían**(tercera persona del plural).

Pretérito Perfecto Simple o **Pretérito** significa acciones que sucedieron antes, es decir, en el pasado.

yo **hice** (primera persona del singular)

tú **haciste** (segunda persona del singular)

él o ella **hizó** (tercera persona del singular)

nosotros **hacimos** (primera persona del plural)

vosotros o ustedes **hacisteis/hacieron**(segunda persona del plural) ellos **hacieron**(tercera persona del plural).

El **modo subjuntivo** presenta la acción o pasión como una simple idea, dependiente del pensamiento del que habla. Tiene tres tiempos, a saber: 1. **Presente**, 2. **Pretérito Imperfecto** o **Copretérito**, y 3. **Futuro Simple** o **Futuro**. Tiempo es la duración de la acción o pasión del verbo.

Presente quiere decir el tiempo en actualmente está uno cuando se refiere a algo. Se conjuga en las tres personas singulares y tres plurales.

yo **haga** (primera persona del singular)

tú **hagas** (segunda persona del singular)

él o ella **haga** (tercera persona del singular)

nosotros **hagamos** (primera persona del plural)

vosotros o ustedes **hagáis/hagan**(segunda persona del plural)

ellos **hagan**(tercera persona del plural).

Pretérito Imperfecto o **Pretérito** significa acciones que sucedieron antes, es decir, en el pasado.

yo **haciese** o **haciera** (primera persona del singular)

tú **hacieses** o **hacieras** (segunda persona del singular) él o ella **haciese** o **haciera** (tercera persona del singular)

nosotros **haciésemos** o **haciéramos** (primera persona del plural)

vosotros o ustedes **hacieseis** o **hacierais/haciesen** o **hacieran**(segunda persona del plural)

ellos **haciesen** o **hacieran**(tercera persona del plural).

Futuro Simple o **Futuro** quiere decir lo que está por venir. Se conjuga en las tres personas singulares y plurales.

yo **haciere** (primera persona del singular)

tú **hacieres** (segunda persona del singular)

él o ella **haciere** (tercera persona del singular)

nosotros **haciéremos** (primera persona del plural)

vosotros o ustedes **haciereis/hacieren**(segunda persona del plural)

ellos **hacieren**(tercera persona del plural).

El **modo imperativo** considera la voluntad de él que habla con relación a que interlocutor ejecute una acción presente. Sólo se conjuga en presente y en segunda persona singular y plural

Presente quiere decir el tiempo en actualmente está uno cuando se refiere a algo. Se conjuga en las tres personas singulares y plurales.

tú **haz** (segunda persona del singular)

vosotros o ustedes **haced/hagan**(segunda persona del plural)

El verbo **haber** es irregular se conjuga de la siguiente manera:

El **modo indicativo** expresa el significado independiente y objetivo de una realidad. Tiene cinco tiempos, a saber: 1. **Presente**, 2. **Futuro Simple o Futuro**, 3. **Pretérito Imperfecto o Copretérito**, 4. **Condicional Simple o Pospretérito** y 5. **Pretérito Perfecto Simple o Pretérito**. Tiempo es la duración de la acción o pasión del verbo.

Presente quiere decir el tiempo en actualmente está uno cuando se refiere a algo. Se conjuga en las tres personas singulares y tres plurales.

yo **he** (primera persona del singular)

tú **has** (segunda persona del singular)

él o ella **ha** (tercera persona del singular)

nosotros **hemos** (primera persona del plural)

vosotros o ustedes **héis,habéis/han** (segunda persona del plural)

ellos **han**(tercera persona del plural).

Futuro Simple o **Futuro** quiere decir lo que está por venir. Se conjuga en las tres personas singulares y tres plurales.

yo **habré** (primera persona del singular)

tú **habrás** (segunda persona del singular)

él o ella **habrá** (tercera persona del singular)

nosotros **habremos** (primera persona del plural)

vosotros o ustedes **habréis/habrán**(segunda persona del plural)

ellos **habrán**(tercera persona del plural).

Pretérito Imperfecto o **Copretérito** indica una acción cuyo principio y fin no se precisa, es decir, la acción comenzó en el pasado, pero no está concluida.

yo **había** (primera persona del singular)

tú **habías** (segunda persona del singular)

él o ella **había** (tercera persona del singular)

nosotros **habíamos** (primera persona del plural)

vosotros o ustedes **habíais/habían**(segunda persona del plural)

ellos **habían**(tercera persona del plural).

Condicional Simple o **Pospretérito** designa acciones que inician en el pasado, pero se prolongan al futuro.

yo **habría** (primera persona del singular)

tú **habrías** (segunda persona del singular)

él o ella **habría** (tercera persona del singular)

nosotros **habríamos** (primera persona del plural)

vosotros o ustedes **habríais/habrían**(segunda persona del plural)

ellos **habrían**(tercera persona del plural).

Pretérito Perfecto Simple o **Pretérito** significa acciones que sucedieron antes, es decir, en el pasado.

yo **hube** (primera persona del singular)

tú **hubiste** (segunda persona del singular)

él o ella **hubo** (tercera persona del singular)

nosotros **hubimos** (primera persona del plural)

vosotros o ustedes **hubisteis/hubieron**(segunda persona del plural)

ellos **hubieron**(tercera persona del plural).

El **modo subjuntivo** presenta la acción o pasión como una simple idea, dependiente del pensamiento del que habla. Tiene tres tiempos, a saber: 1. **Presente**, 2. **Pretérito Imperfecto** o **Copretérito**, y 3. **Futuro**

Simple o **Futuro**. Tiempo es la duración de la acción o pasión del verbo.

Presente quiere decir el tiempo en actualmente está uno cuando se refiere a algo. Se conjuga en las tres personas singulares y tres plurales.

yo **haya** (primera persona del singular)

tú **hayas** (segunda persona del singular)

él o ella **haya** (tercera persona del singular)

nosotros **hayamos** (primera persona del plural)

vosotros o ustedes **hayáis/hayan**(segunda persona del plural)

ellos **hayan**(tercera persona del plural).

Pretérito Imperfecto o **Pretérito** significa acciones que sucedieron antes, es decir, en el pasado.

yo **habiese** o **habiera** (primera persona del singular)

tú **habieses** o **habieras** (segunda persona del singular)

él o ella **habiese** o **habiera** (tercera persona del singular)

nosotros **habiésemos** o **habiéramos** (primera persona del plural) vosotros o ustedes **habieseis** o **habie-rais/habiesen** o **habieran**(segunda persona del plural)

ellos **habiesen** o **habieran**(tercera persona del plural).

Futuro Simple o **Futuro** quiere decir lo que está por venir. Se conjuga en las tres personas singulares y plurales.

yo **habré** (primera persona del singular)

tú **habras** (segunda persona del singular)

él o ella **habrá** (tercera persona del singular)

nosotros **habremos** (primera persona del plural)

vosotros o ustedes **habréis/habrán**(segunda persona del plural)

ellos **habrán** (tercera persona del plural).

El **modo imperativo** considera la voluntad de él que habla con relación a que interlocutor ejecute una acción presente. Sólo se conjuga en presente y en segunda persona singular y plural

Presente quiere decir el tiempo en actualmente está uno cuando se refiere a algo. Se conjuga en las tres personas singulares y plurales.

vosotros o ustedes **habed/haban**(segunda persona del plural)

2. Escribe con **h** los compuestos y derivados de los vocablos que tengan esa letra.

Ejemplos: *gentil***h***ombre*, compuesto de **h***ombre*, **h***erbáceo*, derivado de **h***ierba*.

Esta regla constituye una aplicación de la regla principal de que: **los compuestos y derivados creados en nuestra lengua a partir de determinada voz adoptan, en el lugar que les corresponde, las letras de la palabra primitiva**; y en aplicación de esta regla principal las palabras acción e ilación se escriben sin **h** porque ni la primera viene de hacer, ni la segunda de hilo de hilar.

Acción era *actio* en latín, y proviene del supino *actum*, e ilación es la *illatio* latina, también procedente del supino *illatum*.

En aplicación de la regla principal de que: **los compuestos y derivados creados en nuestra lengua a partir de determinada voz adoptan, en el lugar que les corresponde, las letras de la palabra primitiva**, las palabras oquedad, orfandad, orfanato, osamenta, osario, óseo, oval, óvalo, ovario, oscense, oler, etc. Se escriben sin h porque no la tienen en su origen.

3. Escribe con **h** las palabras de uso actual que empiezan por los diptongos, **ia**, **ie**, **ue** y **ui**.

En el diccionario encontrarás las siguiente palabras que obedecen esta regla: hiato, **Hía**das, **Hía**des, hia**lino**, hia**loideo**, hia**nte**, hia**to**, hie**na**, hie**bre**, hie**dra**, hie**l**, hie**lo**, hie**ltro**, hie**mal**, hie**na**, hie**nda**, hie**r**, hie**ra**, hie**rquía**, hie**rático**, hie**retismo**, hie**rba**, hie**rbabuena**, hie**rbajo**, hie**rbal**, hie**rbatero**, hie**rbezuela**, hie**ro**, hie**ródulo**, hie**rofanta**, hie**rofante**, hie**roglífico**, hie**roscopia**, hie**rosolimitano**, hie**rra**, hie**rre**, hie**rrezuelo**, hie**rro**, hue**le** hue**co**, hu**érfano**, hue**so**, hue**vo**, hue**sca**, hue**lo**, hue**brero**, hue**cograbado**, hue**cú**, hue**go**, hu**élfago**, hue**lga**, hue**lgo**, hue**lghuista**, hue**lveño**, hue**lla**, hue**lliga**, hue**llo**, hue**mul**, hue**rco**, hu**érfago**, hue**rfanidad**, hue**ro**, hue**rta**, hue**rtano**, hue**rtezuela**, hue**rto**, hue**sa**, hue**sarrón**, hue**sera**, hue**sezuelo**, hue**sillo**, hue**soso**, hu**ésped**, hue**sque**, hue**sudo**, hue**teño**, hue**va**, hue**var**, hue**vera**, hue**vería**, hue**vero**, hue**vezuelo**, hu**évil**, hue**vón**, hui**dizo**, hui**da**, hui**diero**, hui**do**, hui**dor**, hui**lense**, hui**lte**, hui**llín**, hui**miento**, hui**ncha**, hui**miento**, hui**gan**, hui**pil**, hui**r**, hui**ra**, hui**ro**, hui**squil**, hui**squil**, hui**squilar**, hui**trín**.

La palabra iatrogénico obedece a la regla principal de que: **los compuestos y derivados creados en nuestra lengua a partir de determinada voz adoptan, en el lugar que les corresponde, las letras de la palabra primitiva**, pues proviene del griego ιαπφός que significa médico.

4. Escribe **h** intercalada en palabras que llevan el diptongo ue precedido de vocal.

Ejemplos: caca**h**uete, vi**h**uela, alde**h**uela.

La palabra grauero es la denominación del natural de El Grao o perteneciente o relativo a este puerto de Valencia. Se trata de un adjetivo gentilicio que se forma del sustantivo Grao y el sufijo –ero que denota carácter o condición moral, por lo que obedece a la regla principal de que: **los compuestos y derivados creados en nuestra lengua a partir de determinada voz adoptan, en el lugar que les corresponde, las letras de la palabra primitiva**, ya que el sustantivo Grao no se escribe con h, tampoco su adjetivo.

Algunas palabras que comienzan por **hue-** o por **hui-** pueden escribirse con **güe-** y **güi-** respectivamente. Es el caso de **hue**mul, **hue**ro, **hui**llín, **hui**pil, **hui**ro, **hui**squil y **hui**squilar; escritas también **güe**mul, **güe**ro, **güi**llín, **güi**pil, **güi**ro, **güi**squil y **güi**squilar.

5. Escribe con **h** Las palabras que empiezan por los elementos compositivos **hecto-** ('cien') distinto de ecto- ('por fuera'), **helio-** ('sol'), **hema-**, **hemato-**, **hemo-**, ('sangre'), **hemi-**, ('medio, mitad'), **hepta-** ('siete'), **hetero-** ('otro'), **hidra-**, **hidro-** ('agua'), **higro-** ('humedad'), **hiper-** ('superioridad' o 'exceso'), **hipo-** ('debajo de' o 'escasez de') **holo-** ('todo'), **homeo-** ('semejante' o 'parecido'), **homo-** ('igual').

Ejemplos: **hectó**metro, **helio**céntrico, **hema**toma, **hemi**ciclo, **hemo**globina, **hepta**edro, **hetero**sexual, **hidrá**ulico, **hidró**geno, **higró**metro, **hipér**bole, **hipó**crita, **holo**grafía, **homeo**patía, **homó**grafo.

6. Escribe con **h** algunas interjecciones.

Ejemplos: ¡ah!, ¡ahijuna¡, bah!, ¡hum!, ¡huy!, ¡oh!, ¡uh!, ¡hala!, ¡eh!.

7. Escribe con **h** las palabras que empiezan por **histo-, hosp-, hum-, horm-, herm-, hern-, holg-** y **hog-**.

En el diccionario encontrarás las suiguientes palabras que obedecen esta regla: **histo**logía, **histo**grma, **histo**lógico, **histo**logo, **histo**ria, **histo**riable, **histo**riado, **histo**riador, **histo**rialmente, **histo**riar, **histó**ricamente, **histo**ricidad, **histo**ricismo, **histo**ricista, **histó**rico, **histo**rieta, **histo**riografía, **histo**riográfico, **histo**riología, **histo**rismo, **hosp**ital, **hosp**a, **hosp**edable, **hosp**edablemente, **hosp**edador, **hosp**edaje, **hosp**edamiento, **hosp**edante, **hosp**edar, **hosp**edería, **hosp**edero, **hosp**iciano, **hosp**icio, **hosp**italariamente, **hosp**italario, **hosp**italería, **hosp**italero, **hosp**italicio, **hosp**italidad, **hosp**italización, **hosp**italizar, **hosp**italmente, **hosp**odar, **hum**edad, **hum**ada, **hum**aina, **hum**anal, **hum**anamente, **hum**anar, **hum**anidad, **hum**anismo, **hum**anista, **hum**anístico, **hum**anitario, **hum**anitarismo, **hum**anizar, **hum**ano, **hum**ar, **hum**arada, **hum**arazo, **hum**areda, **hum**aza, **hum**azga, **hum**azo, **hum**ear, **hum**ectación, **hum**ear, **hum**ectación, **hum**ectar, **hum**ectativo, **hum**edad, **hum**edal, **hum**edar, **hum**edecer, **hú**medo, **hum**era, **hum**eral, **hú**mero, **hum**ero, **hum**idad, **hum**idificación, **hum**idificador, **hum**idificar, **hú**mido, **hum**iento, **hum**igar, **hum**il, **hum**ildad, **hum**ildeza, **hum**ilde, **hum**ildemente, **hum**ildosamente, **hum**ildoso, **hum**iliacion, **hum**iliar, **hum**ílimo, **hum**ilmente, **hum**illación, humilladamente, humillero, humillar, humillamiento, humillante, humillar, humillo, humilloso, hormida, horma, hormaza, hormazo, hormento, hormero, hormiga, hormigante, hormigo, hormigón, hormigonera, hormigoso, hormigueamiento, hormiguear, hormiguero, hormigüela, hormiguero, hormiguesco, hormiguilla, hormiguillar, hormiguillo, hormiguita, hormilla, hormon, hormona, hormonal, hermano, herma, hermafrodismo, hermafroditismo, hermafrodito, hermanable, hermanablemente, hermanado, hermanal, hermanamiento, hermanar, hermanastro, hermanazgo, hermandad, hermandarse, hermandino, hermanear, hermancecer, hermanía, hermanuco, hermeneuta, hermenéutica, herméticamente, hermeticidad, hermético, hermetismo, hermetizar, hermodátil, hermosamente, hermoseador, hermosamiento, hermosear, hermoseo, hermosillense, hermoso, hermosura, hernia, herniado, herniario, herniarse, hérnico, hernioso, hernista, holgado, holgachón, holgadamente, holgadero, holganza, holgar, holgazán, holgazanear, holgazanería, holgazar, holgón, holgorio, holgueta, holgura, hogar, hogaño, hogañazo, hogañero, hogaril, hogaza, hoguera, hogueril.

Enrique Antonio Pedraza

CUARTA PARTE

REGLAS DE ACENTUACIÓN

Al hablar, pronunciamos con mayor intensidad una de las sílabas que integran la palabra, es decir, elevamos el tono de la voz o hacemos durar más la emisión de un grupo de palabras que pronunciamos en una sola emisión de voz y que llamaremos sílaba tónica y a las demás sílabas átonas. Lo anterior, ocasiona que todas las palabras en español tengan un acento prosódico o acento de intensidad.

Cuando la palabra es polisílabica, la sílaba tónica puede estar en cuatro lugares dentro de la palabra, a saber:

En el último.

En el penúltimo.

En el antepenúltimo.

En cualquiera antes del antepenúltimo.

Las palabras **graves** o **llanas** son más que las *agudas*. Las voces esdrújulas y sobreesdrújulas son menos.

De la misma manera, la mayoría de las palabras del español termina en **vocal** o en las consonantes **n** y **s**.

Como la mayoría de palabras son **graves** y tambíen la mayoría terminan en **vocal** o en las consonantes **n** o **s**, surgen las dos principales reglas de ortografía para acentuar las palabras:

Acentúa gráficamente las palabras *agudas* que terminen en consontantes *b, c, d, f, g, h, j, k, l, m, n, ñ, p, q, r, t, v, w, x, z,* es decir, que terminen en una consonante que no sea **n**, ni **s**.

Acentúa las palabras **graves** que terminen en vocal o en las consonantes **n** y **s**.

La tercera regla de acentuación es con respecto a las palabras esdrújulas y sobreesdrújulas que como son pocas siempre se acentúan

Estas reglas se aplican a todas las palabras latinas usadas en el español, a las letras mayúsculas y a las palabras extranjeras incorporadas al idioma.

Las palabras separada por un guíon conservan sus acentos y los advervios terminados en –mente, conservan su acentuación de la palabra original.

Como puedes apreciar, aun cuando todas las palabras tienen una sílaba tónica, es decir, un acento prosódico al momento de escribir a pocas les colocas la tilde del acentó gráfico, gracias a estas tres reglas de acentuación.

En cuanto a las palabras monosilábicas, es decir, que tienen una sola silaba, la regla general es que no se acentúan a menos que oigas el acento y la combiertas en bisilábica.

Las preposiciones **a, ante, cabe, con, contra, de, desde, en, entre, hacia, hasta, para, por, según, sin, so, sobre** y **tras**, carecen de acento propio.

El acento diacrítico desde mi perspectiva no existe.

En efecto, la tilde diacrítica es aquella que permite distinguir, por lo general, palabras pertenecientes a diferentes categorías gramaticales, que tienen sin embargo, idéntica forma. Dicho de otra manera son palabras que se oyen igual, pero que tienen significado diferente, por lo que al escribirlas, con el fin de distinguirlas, a una la acentuamos y a otra no.

Por tal motivo, considero que se trata de palabras homófonas (palabras que con distinta significación suenan igual) y para distinguirlas en la escritura, una lleva acento y la otra no, es decir, son palabras cuyo significado es diferente y por ende, también su escritura es diferente.

1. el: artículo determinado, masculino y singular.

él: pronombre personal, tercera persona masculina del singular.

2. tu: pronombre posesivo. Apócope de tuyo, tuya, tuyos, tuyas. Simpre se emplea antepuesto al nombre o sustantivo.

tú: Nominativo y vocativo del pronombre personal de segunda persona en genero masculino y femenino y número singular.

3. mi: adjetivo posesivo apocope de mío, siempre se emplea antepuesto a un nombre o sustantivo. Sustantivo. Nota musical.

mí: pronombre personal primera persona del masculino o femenino y singular; se emplea para las funciones de complemento con preposición.

4. te: dativo o acusativo del pronombre personal de segunda persona en femenino o masculino y singular.

té: sustantivo. Bebida, planta u hoja.

5. mas: conjunción aversativa que equivale a pero o sino.

más: adverbio de cantidad que denota la idea de exceso.

6. si: conjunción con que se denota condición o suposición en virtud de la cual un concepto depende de otro u otros.

sí: adverbio de afirmación que se emplea para responder preguntas. Sustantivo. Nota musical.

7. de: preposición que denota posesión o pertenencia.

dé: Modo indicativo, tiempo futuro, tercera persona del singular, del verbo dar.

8. se: forma reflexiva del pronombre personal de tercera persona.

sé: modo indicativo, tiempo presenta, primera persona del verbo saber.

9. o: conjunción disyuntiva. Cuano aparece entre cifras se acentúa con el fin de que no se confunda con el cero.

10. este, esta, esto, estos, estas: pronombre demostrativo que designa lo que esta cerca de a persona que habla.

éste, ésta, éstos, éstas: pronombre demostrativo que representan y señalan a la persona o cosa que se acaba de mencionar.

11: ese, esa, eso, esos, esas: formas del pronombre demostrativo que designan lo que esta creca de la persona con quien se habla.

ése, ésa, ésos, ésas: formas del pronombre demostrativo que representan y señalan lo que se acaba de mencionar.

12. aquel, aquella, aquello, aquellos, aquellas: formas del pronombre demostrativo en los tres géneros (masculino, femenino y neuotro) en ambos números (singular y plural) que designan lo que física o mentalmente está lejos de la persona que habla y de la person con quien se habla.

aquél, aquélla, aquéllos, aquéllas: sustantivos que representan y señalan a una persona que se acaba de mencionar.

13. Los adverbios adonde, como, cual, cuan, cuando, cuanto, donde, que y quien, llevan tilde cuando se emplean en oraciones interrogativas y exclamativas, ¿adónde, cómo, cuál, cuán, cuándo, cuánto, dónde, qué y quién!

15. solo: adjetivo. Único en su especie. Que está sin otra cosa o que se mira separado de ellla.

sólo: averbio. Únicamente, solamente.

16. aun: adverbio que significa hasta un momento determinado, no obstante, sin embargo.

aún: significa todavía y puede sustituirse por esta palabra.

BIBLIOGRAFÍA

Ciencia del Lenguaje y Arte del Estilo. Martín Alonso. Editorial Aguilar, S. A. Madrid, España. Novena Edición 1970.

Diccionario de la Lengua Española. Real Academia Española. Dos Tomos. Editorial Espasa Calpe, S. A. Madrid, España. Vigésimo Primera Edición. 1992. ISBN 84-239-9200-4.

Diccionario de Sinónimos. D. Pedro M. De Olive. Librería de A. Bouret é Hijo. París 1875.

Enciclopedia del Idioma. Martín Alonso. Editorial Aguilar, S. A. México, D. F. 1982. Primera Edición - segunda reimpresión. ISBN 84-03-27999-X.

Enciclopedia del Idioma. Martín Alonso. Editorial Aguilar. México, Distrito Federal, 1998. Primera Edición. Segunda Reimpresión. ISBN 968-19-0039-1.

Esbozo de una Nueva Gramática de la Lengua Española. Real Academia Española (Comisión de Gramática). Editorial Espasa Calpe, S. A. Madrid, España. Primera Edición, Decimoctava reimpresión 1999. ISBN 84-239-4759-9.

Filosofía del Verbo o Fundamentos del Castellano. Felipe Robles Dégano. Sociedad de Estudios Filológicos. Tercera Edición. 1943.

Gramática de la Lengua Española. Emilio Alarcos Llorach. Real Academia Española. Colección Nebrija y Bello. Editorial Espasa Calpe, S. A. Madrid, España. Primera Edición, Novena Reimpresión 1998. ISBN 84-239-7840-0.

Gramática Española. Tercer Libro. Emilio Marín. Editorial Progreso, S. A. México, Distrito Federal, 1954. Vigésima Primera Edición

Mi Cuaderno de Trabajo de Quinto Año. Lengua Nacional. Comisión Nacional de los Libros de Texto Gratuitos, dependiente de la Secretaría de Educación Pública. Julio de 1964. México, Distrito Federal.

Mi Cuaderno de Trabajo de Sexto Año. Lengua Nacional. Comisión Nacional de los Libros de Texto Gratuitos, dependiente de la Secretaría de Educación Pública. Julio de 1968. México, Distrito Federal.

Ortografía de la Lengua Española. Real Academia Española. Editorial Espasa Calpe, S. A. Madrid, España. Edición revisada por las Academias de la Lengua Española. 1999. ISBN 84-239-9250-0.

Sitios web consultados

http://members.fortunecity.es/clasico2002/aparato_fonador.htm

http://www.uiowa.edu/~acadtech/phonetics/spanish/frameset.html

http://lexiquetos.ohui.net/afi/

http://roble.pntic.mec.es/msanto1/lengua/1sofolet.htm

http://www.rae.es

http://es.wikipedia.org

ÍNDICE

Enrique Antonio Pedraza

*Este ejemplar se imprime sobre pedido
en los talleres de Lulu (www.lulu.com),
proveedor mundial de impresión de libros
por encargo con mayor crecimiento en
Internet. Enlace a la publicación:
http://stores.lulu.com/libros_prohibidos*